支配された人生から
脱却するための心理学

人生の99%は思い込み

Life Is 99% of Your Preconceptions

The Psychology to Break Free of the Life that Rules You

心理学者
鈴木敏昭

ダイヤモンド社

人の意識が現実を創造するのであって、
客観的な事物など存在しない

——ニールス・ボーア

はじめに
――なぜ、あなたの人生はどんな本を読んでも変わらなかったのか？

いきなりだが、こんな言葉をあなたに贈ろう。

あなたの人生は変えられない。
これからも、これまでどおりの人生が続いていくに違いない。

右の言葉に対して、あなたはどう思うだろうか？

「そんなはずはない！　人生は自分の意志でつくってきたし、これからも自分の思った通り自由に生きていく。だから人生が変えられないなどというのは嘘だ！」

そう思うかもしれない。

では、次の問いかけに答えてほしい。

・これまでにダイエットを決意して失敗したことはないだろうか？
・筋トレを続けようとしたのに3日で終わったことはないだろうか？
・資格をとろうとパンフレットを取り寄せてそのままだったりしないだろうか？

「成功したい！」「体型を変えたい！」「人生を変えたい！」……そう決意したのに、なぜか変わらない。どんなに本を読んでも、一向に人生が変わっていかない。そうではないだろうか？

残酷なことを言うようだが、成功本をいくら読んでも人生は変わらないし、転職しても、結婚しても、あなたというストーリーが根本的に変わることはない。

失敗続きの人は、これからも失敗続きだろう。引っ込み思案の人は、これからも引っ込み思案だ。健康に心配がある人も、きっとずっと心配し続けるはずだ。

なぜか？

それは**あなたが知らないうちに自分の人生の「脚本」を書き上げ、そのとおりに生きているから**だ。望むと望まないとにかかわらず、あなたはその脚本に従って生きてきた。そして、これからもその脚本どおり生きていくだろう。

また、こんなことはないだろうか？

・うまくいきそうなのに、なぜかいいところで邪魔が入る
・いいところまでいくのに詰めが甘くてうまくいかない

そんな経験をしたことがないだろうか？　それも何度も。
あなたはそれを「運が悪いだけ」だと思っているかもしれないが、それも実はあなたの脚本に書いてある。ただ脚本どおりにあなたが演じているだけなのだ。

「いや、失敗したくて失敗したんじゃない！」

と主張するかもしれない。

しかし、失敗を繰り返す人には「失敗を繰り返すプログラム」が潜んでいる。あなたが意図していなくても、そのプログラムは発動する。

なぜそんな脚本が組まれてしまったのかについては、この後明らかにしていくが、ここで言いたいのは、あなたが「運」「定め」などと思い込んでいるものは、実は自らの脚本どおりだということである。

あなたは知らないうちに自分で書いた脚本どおり生きている。

「あなたの人生」という脚本はあなた自身が書いたものだ。それが望まない脚本であるなら、それをあなた自身で書きなおさねばならない。

人生を変えるための方法はこれしかない。

どんなに成功のノウハウを手に入れようが、大量のお金を手に入れようが、最高の伴侶を見つけようが、脚本を書き換えないことには根本的に人生は変わらない。

では、そんな「あなたの人生を縛っている脚本」を書き換えるには、どうすればいいだろうか？

脚本は無数の「思い込み」でできている。シンプルに言えば、脚本とは思い込みなのだ。よって、その「思い込み」を変える必要がある。人生を変える鍵は、これまでの人生を縛り付けていた「思い込み」をいかに変えるかにかかっているのだ。

本書では、あなたをここまで導いてきた脚本の正体を暴き、それを書き換える方法を明かしていきたいと思う。

脚本は無数の思い込みによってできているから、思い込みがいかにできるかを暴き、思い込みからの脱却法を知る必要がある。**脚本を書き換えるには、思い込みを突き止め、そこから脱却する術を身につける必要がある**のだ。

私は「思い込み」について20年以上研究してきた。

きっかけとなったのは中学校2年生のときの体験だ。

ふと「自分は、なぜ自分なのだろう?」と思ったのだ。何を言っているのかと思われるかもしれない。しかし私には純粋な疑問だった。

なぜ「自分」はここにいる「自分」であって、隣の「〇〇くん」ではないのか? なぜ自分は運動の苦手な「自分」であって、運動の得意な「△△くん」ではないのか?

自分って何だ?

その素朴な疑問から私の旅は始まった。

「自分」の正体をつかむために、心理学を志した。そこで、どうも「自分」というものを理解する上で「思い込み」がキーワードになることに行き着く。

端的に言えば、自分という存在は「心がつくり上げているだけの思い込み」である(たとえば、心のない植物に「自分」という概念はあるだろうか?)。よって、思い込みの正体さえ見つけることができれば、自分を理解することができるのではないか? そういう思いで「思い込み」の研究を続けてきたのだ。

世の中には自分を変えたい、性格を変えたい、人生の流れを変えたいという人が多くいる。そのための本も多く出ている。

しかし、付け焼き刃のテクニックで変えられるほど、自分というものはヤワではない。自分というものは、思っている以上に強固で変えにくいものなのだ（逆にそんなに簡単に自分を変えられてしまっては不都合極まりない）。

いまの状況に不満があり、人生を変えたいと願うのであれば、まず自分を支配している「思い込み」が何なのかを理解し、そこから脱却する必要があるだろう。思い込みを研究してきた私の知識、経験が多くの人の助けとなることができれば、これほどうれしいことはない。

*

本論に入る前に、いくつか付け加えておきたい。

本書は多くの人に読んでいただきたいという思いから、とにかくわかりやすく書くことに心を砕いた。多くの先人の知恵を拝借し、論を組み立てていった。よって、学者や専門家から見れば軽薄に感じられる面もあるかもしれない。

もうひとつ。原因がわかったり、何かいい方法を頭で理解したりすると、すぐに「そうなるものだ」と思いがちなのが人間だ。しかし、本書で紹介する方法は「特効薬」ではない。テニスだってスキーだって、教則本を読んだら次の日にできるようになるというわけではないだろう。理屈がわかっていてもできないということは大いにある。よって、あらゆる方法を実践し、試していただくことが大切だと思っている。

かくいう私も未だに思い込みに囚われた人間だ。なかなか変われない。でも変われる可能性はあるし、実際に変わった人間もいる。変わるのは難しい。しかしだからこそ面白いのだ。

私との**「思い込みの謎を解く旅」**にしばらくお付き合いいただきたい。

人生の99％は思い込み ● もくじ

第2章 人生脚本は多くの「思い込み」でできている 95

第3章 人生を支配する「思い込み」の正体

第4章 「思考のゆがみ」はこうしてなおす 175

第5章

「思い込み体質」の根本的な治療法

第6章

「思い込み」を利用して「人生脚本」を書き換える

255

※筆者は心理学者であり、教員であるため
脱却法のカウンセリング等は承っておりません。
予めご了承ください。

第1章

人生は「自分で書いた脚本」どおりに進む

うまくいかないのは、自分で書いた脚本のせい

Aさんは、子どもの頃から成績優秀でずっとトップを走ってきた。しかし、いつも本番に弱い。大学受験も第一志望のときに限って風邪を引き、結局第二志望の大学に入った。入社試験のときも最終面接なのに遅刻をして、本当に行きたかった会社には入れなかった。仕事でもいつも「詰めが甘い」と言われている。プレゼンでいいところまで行くのになぜかうまくいかないのだ。

Aさんは自分のことを運が悪いと思っている。いつもいいところまで行くのになぜかうまくいかない。そんな人生なんだと思っている。

Aさんはなぜいつもうまくいかないのか？　本当に運が悪いのだろうか？　詰めが甘い性格なのだろうか？

そうではない。Aさんは「いいところでうまくいかない」という人生の脚本を自ら書

き上げて、そのとおりに生きているだけなのだ。口では「成功したい」「うまくいかせたい」と言っていても、結局脚本に従ってしまう。

Bさんは子どもの頃からまじめで大人しいタイプ。大学を卒業した後は、大企業に就職し、結婚を機に退職した。旦那さんも堅実な会社に勤め、子どもも生まれ、絵に描いたような幸せな生活を送っていた。

ところがある日、Bさんの浮気が発覚した。旦那さんとは揉めに揉めて離婚。親権を巡って旦那さんには裁判まで起こされ、結局子どもをとられてしまう。幸せだった家庭が一変して、家庭崩壊である。

まわりはみな、「あんなまじめで大人しいBさんがなぜ……」と驚きを隠せない。

Bさんはなぜ、自ら幸せを壊すような行動をとったのだろうか？　家庭に不満があったからだろうか？　より理想の男性が現れたからだろうか？

そうではない。これもやはり「脚本」のしわざだ。人生の脚本が、彼女を浮気に駆り立て、家庭を崩壊に導いたのだ。

偶然ではなく、そうなることは必然だったのだ。

「そんな脚本など書いた覚えはない！」

「自分で脚本を書けるのであれば、誰しもがお金持ちになって成功するという脚本を書けばいいいじゃないか！」

そう思われたかもしれない。

しかし脚本はあなたが知らないうちに書き上げてしまっているものだ。そして、その脚本からは逃れられない。さえない、不幸に満ちた脚本を書いてしまった人は、残念ながらその脚本どおり人生を歩むしかないのだ。

少々脅すような言い方をしてしまったが、そんなすべての人を縛り付けるという「人生脚本」。それは、一体何なのだろうか？

人生を決定する「人生脚本」とは何か？

「人生脚本」とは、交流分析で著名なエリック・バーンが提唱した「心理的プログラム」のことである。

「人生脚本」と言っても、当然ながら実際に脚本を書いているわけではない。無意識に、深層心理の中で人生の脚本を書いているという意味である。

人間は、さまざまな体験を通じて感じたことをもとに、心の中で「自分はきっと、こんな人生を送るだろう」という、人生の脚本を書いている。それも無意識に、気づかぬうちに、だ。そして、その脚本に沿った人生を送っていく。

人は、自分についてある思いや信念を抱くと、無意識にそれに合うように行動してしまう。結果として、その信念は現実化する。このことを心理学では**「予言の自己成就」**という。

たとえば占いで「一週間以内に事故を起こす」と言われると、そうなるように無意識に振る舞い、実際に事故を起こして占いを「確証」することになる。また、「血液型がA型の人はこういう性格だ」と言われると、そのように振る舞い、A型の性格を「確証」する。これらは「予言の自己成就」の現象である。

人生脚本は、いわば**「あなたの人生の予言書」**なのだ。知らず知らずのうちにあなたはこの予言書に従って動いているのである。

つまり、「自分は運が悪い」と思う人はそういう脚本を、「自分は運がいい」と思っている人はそういう脚本を自ら書いているということになる。「つねに成功する」と思う人はそういう脚本を、「なぜか肝心なところでうまくいかない」と思っている人はそういう脚本を書き上げる。

実際に運が悪かったり、偶然うまくいかないわけではなく、すべては自分でつくりあげたストーリーなのだ。

脚本は主に幼少期につくられる

「人生脚本」は、主に7歳くらいまでの幼少期につくられる。

「将来は立派な大人になりなさい」といった親のしつけや、「○○君は落ち着きがないわね」といった周囲からの評価、学校での教育などによってつくりあげられる。
「◯◯キャラ」という言葉を耳にしたことがあるだろう。

子どもは学校の友だちや仲間から「いじられキャラ」「お笑いキャラ」などといった役割を与えられると、一生懸命それに応えようとしてしまう。自らの発言や行動を、与えられたキャラに合うように変えていくのだ。いじめられっ子も、たいてい小さいころからいじめられているケースが多い。無意識のうちにまわりの環境に合うようにキャラを演じるのだ。キャラを演じたほうがラクだからである。

脚本はこの「キャラ」のようなものだ。キャラを与えられた子どもは、そのキャラに合うように人生を歩んでいく。

幼少期につくられた人生脚本からは、簡単に逃れることはできない。人生脚本に合わない生き方をしていれば、無意識のうちにもとの人生脚本に合う生き方へと変えてしまうからだ。それほどに人生脚本は強力だ。

たとえば、冒頭に紹介したAさんは、幼少期に何かをうまくやっても褒めてもらえず、「自分は最終的にうまくいってはいけない」という人生脚本を書いてしまった可能性がある。だから、うまくいったときは逆に落ち着かなくなってしまう。

また、浮気をしたBさんは、幼少期に家庭環境に恵まれず、「自分は温かい家庭は得られないし、家族に愛されるわけがない」という人生脚本を持ってしまっている可能性がある。そのため、せっかく幸せな家庭を手に入れても、心が満たされない。だから自ら幸福を壊すような行動をとり、元の脚本に戻してしまうのだ。彼女が真の平安を手に入れるには、人生脚本の存在に気付き、書き換えるしかない。

どんな人生脚本でも、それが自分の人生にプラスになるものであればいい。だが、もしも自分の人生を不幸にする脚本ならば、時間がかかっても書き換えたほうがいい。

さて、では人生脚本は書き換えることができるだろうか？　もちろん強固なものであるため、なかなか難しいことは事実だ。

しかし、「これは人生脚本が仕組んだものだ」と認識するだけでも大いに効果はある。つまり**脚本にどっぷり浸かってしまうのではなく、メタ的な視点を獲得し、「これは脚本に過ぎないのだ」と冷静になれるだけでも大いに効果がある**のだ。数々の失敗や不幸（もしくは幸福）のパターンが「運」ではなく「脚本」なのだと知るだけで、人生を操る余裕が出てくる。

人生脚本という存在を知れば、これまでは「どうせ自分は出世できない」「どうせ私はモテない」など、運命だと思ってあきらめていた人生が、実は自分が無意識のうちにつくりあげたドラマなのだとわかるだろう。

脚本がどのように出来上がるのか、もう少し詳しく見ていこう。

すべては「禁止令」からはじまる

禁止令とは、文字通り「○○してはいけない」という命令である。

誰しも子どもの頃、「知らない人についていってはいけません」「夜10時以降はテレビを見てはいけません」などの「禁止令」を受けてきたはずだ。

言語化されない禁止令もある。

たとえば、子どもがいつも母親から「ご飯の前にお菓子を食べてはいけません」と叱られていたとする。ある日、夕飯前にお菓子をねだったところ、母親は「そんなに欲しいなら、食べてもいいわよ」と珍しく許可を出した。ところが、その母親の表情は眉が吊り上がり、怒っているような表情だ。言い方もつっけんどんである。

このような場合、子どもは無邪気にお菓子を食べるだろうか？　おそらく、「食べてはいけないいんだ」と察し、我慢するだろう。子どもは想像以上に、親の本音を察する力を持っている。

このように、言葉以外の要素、つまり親の態度や表情、しぐさなどから感じとった「NO」という無言のメッセージも「禁止令」である。親は直接的に「ダメ」「いけません」と禁止するだけではない。無意識に非言語メッセージを子どもに出す。

育児と家事でクタクタに疲れているときに子どもに「ねえねえ、これ何？」としつこく聞かれ、つい「知らない」と冷たく答えてしまう親もいるだろう。

こういうとき、子どもは「知らない」という言葉だけではなく、投げやりに答える親の態度にショックを受ける。親に「近寄らないで」と拒絶されているように感じるのだ。

そうすると、親に対して「近寄ってはいけない」という禁止令を自分に課してしまう。自分に「〜するな」と命令を下すのだ。親の機嫌を損ねないためには、親にあまり甘えないほうがいいのかな、と子ども心に感じ、いつも親の顔色をうかがい、距離をおいてしまう子もいる。

これはいわば子どもの「思い込み」である。**自らの行動を制限することで、親の愛を必死で得ようとする、生存本能**によるものだ。

子ども時代にできた思い込みは、大人になってからもなかなか消えない。

その結果、たとえば「近寄るな」禁止令を持った子は、大人になってもまわりの人とコミュニケーションをとるのが苦手で、いつも一人で行動するようになってしまう。そういう人生を歩んでしまうのだ。

ただし、すべての子どもが禁止令をつくるわけではない。

親にじゃれつき、「後で」と冷たく突き放されても、ケロッとしてすぐに他の遊びに夢中になる子もいるだろう。認知の仕方は人それぞれなので、親の行動によって子どもがどう受け取るかは様々であることは付け加えておきたい。

ネガティブな脚本をつくる13の禁止令

アメリカの医学博士で国際交流分析協会の会長も務めたグルーディング夫妻は、人生に特に大きな影響を与える禁止令を分類した。これらの禁止令の影響を強く受けている人は、ネガティブな人生脚本を持ってしまいがちだという。

以下に、代表的な13の禁止令を紹介するので、自分がどの影響を受けているか考えながら読み進めていただきたい。

1 「何もするな」「実行するな」

親のしつけが厳しかったり、過保護で些細なことまで注意するような家庭で発生しやすい禁止令だ。

「木登りなんて危ないこと、やめなさい」「あの子と遊んではいけません」「怪我するからサッカーはやめなさい」などと行動を規制されるたびに、「自分は何もしないほうがいいんだ」という禁止令をつくってしまう。

この禁止令がある人は、従順な子どもであろうとし続けた結果、**大人になっても積極性に欠け、人の意見に従ってばかりになる傾向**が強い。

職場で「指示待ち型の社員」になりがちな人は、この禁止令が影響しているかもしれない。幼い頃から親の言いなりに動くことしかしていなかったので、自分でどう行動すればいいかを考える習慣がない。そのため、上司や先輩に指示をしてもらえないと、自分では何をしていいのかわからないのだ。

2 「お前であるな」

「本当は、女の子が欲しかった」と言われて育った男の子や、母親から「女は損よね」とよく聞かされていた女の子など、自分の性別やアイデンティティを否定された経験がある人が持ちやすい禁止令だ。

この禁止令があると、**自分の性や自分自身に自信が持てなくなる**。

異性の友だちばかりで同性の友だちが少ない人や、部活やサークルなどで同性だけの集団にいるのが苦手だった人は、この禁止令の影響を受けている可能性が高い。

また、自分に自信がないので、まわりの評価や常識、世間体に左右されやすい。

3「子どもであるな」

「あなたはお姉ちゃんなんだから、しっかりしなさい」「もうお兄ちゃんなんだから、泣かないの！」などと言い聞かされた、下に弟や妹がいる人がつくりやすい禁止令だ。

この禁止令を持つ人は、早い段階で自立を促され、子どものころにのびのび自由に過ごせなかったため、いわゆる**「堅物」になりやすい**傾向がある。

合コンやバーベキューなどでせっせと料理を取り分けたり、お酒がなくなりそうになったら注文したり、みんなの世話をして自分はまったく楽しんでいない人も、この禁止令に縛られての行動かもしれない。

「自分がやらねば！」という責任感が強い余り、それが足かせになることもあるのだ。

4「成長するな」「親から自立してはいけない」

3と逆で、「全部お母さんがやってあげるわよ」と過保護に育てられたり、末っ子で甘やかされて育った人が持ちやすい禁止令だ。

この禁止令があると、**「子どものままでいるために、何もできないほうがいい」**と考えるようになる。いわゆる「マザコン」も、これに当てはまるだろう。

近頃は親が子どもの代わりに婚活し、親同士がお見合いもして結婚相手を決めてあげるというケースもあるらしい。これでは、大人になっても「成長するな」の禁止令から抜け出せない人が増えるのも、当然かもしれない。

5 「感じるな」「感情を表に出してはいけない」

転んで、痛くて泣いているのに親に無視されたり、「我慢しなさい！」と抑えこまれ、素直に欲求や感情を出せなかった人が持ちやすい禁止令だ。

この禁止令があると、**自分の感情を抑えこむのが癖になり、物事に無関心・無感動になってしまう**。泣いたり、怒ったりすることがなかったり、声に抑揚がない、表情に乏しい人は、この禁止令の影響を受けている可能性がある。

6 「考えるな」

「親に口答えするな！」「黙って言うことを聞いていればいいんだ！」と子どもに一喝

する、威圧的な親は少なくないだろう。始終ヒステリックに怒鳴りちらす親のもとで育つと、この禁止令は生まれやすい。自分で考えるのを放棄してしまうのだ。

この禁止令がある人は、**論理的に物事を考えたり、冷静に判断することができなくなる**。占いや迷信などを盲目的に信じ込む人は、「考えるな」禁止令に支配されているのかもしれない。

7 「近寄るな」

「忙しいから後にして」「静かにしてちょうだい」など、親に距離を置かれたり、あまりふれあう機会がなかった人が持ちがちな禁止令である。

この禁止令があると、親とおしゃべりし、自分の気持ちを聞いてもらおうとするのを避けてしまう。すると、**大人になってもプライベートや本心を周囲に打ち明けられないタイプ**になる。

仕事上のトラブルや悩みがあっても、上司や同僚に相談せずに一人でなんとかしようとしてしまう人や、嫌なことがあっても「自分が我慢すればいいんだ」と考えてしまう人は、この禁止令の影響を受けていると言えるだろう。

8「成功するな」

うまくいったときには褒めてもらえない一方で、失敗したときは慰められたり、励まされたりする。そんな経験を繰り返すと発令されやすいのが「成功するな」の禁止令だ。

親が成功に関心を示さず、失敗したときだけ手をかけると、子どもは勝手に「成功してはいけない」というように思い込む。

また、「お前は肝心なところでダメだねえ」などとため息交じりに親が言う。すると、子どもは「自分は成功なんてできない人間なんだ」と思い込んでしまうのだ。

会社を何度立ち上げても、なぜか倒産してしまうようなパターンに陥っている人は「成功するな」の禁止令に縛られているのかもしれない。

9「自分のことで欲しがるな」

ひとり親の家庭や、幼い頃に病気や怪我で親に経済的な負担をかけてしまったなど、自分のために苦労や我慢をし続けている親を見ていた人が持ちやすい禁止令だ。

この禁止令を持つ人は、自分の欲求を素直に言えないだけでなく、**幸運を人に譲り、**

幸せを自ら壊すような行動をとってしまう。

給料が少なく、生活が苦しいのに、それでも無理して恋人に貢いでしまう人や、友だちから「お金を貸して」と言われたときに断れない人などは、この禁止令の影響を受けている可能性大である。

また、友だちに「実は、あの人のことが好きなの」と、自分と同じ人を好きだと告白されると友だちを応援してしまう人も、この禁止令を持っているのかもしれない。

10 「健康であってはいけない」

病気のときだけお菓子やジュースを好きなだけ食べさせてもらえた人や、親が体の弱い兄弟姉妹の面倒ばかり見ていた人に多い禁止令だ。

この禁止令を持つと、**病気や怪我で同情を引こうとしたり、突飛な行動やおかしな発言で周りの注目を集めようとする**。ちょっとした風邪や怪我でも、大げさに症状を訴える人は、この禁止令の影響を受けていると言えるだろう。

また、暴飲暴食を繰り返したり、会社の健康診断で要注意だと言われても生活習慣を改めない人も、「自分は健康であってはいけない」と思い込んでいる節がある。

11「重要な人になってはいけない」

テストでいい点をとったときや先生に褒められたとき、子どもは親に喜んで報告するだろう。そんなときに「ふうん」と親の反応が薄いと、子どもは認めてもらえないことにショックを受ける。度重なると、「自分は重要であってはいけないんだ」とこの禁止令が発動されるのだ。

この禁止令を持つ人は、**常に目立たないよう心がけ、責任を負うのを嫌う**。極端に地味なファッションを好んだり、口数も少なく、小さな声でボソボソ話す人は、この禁止令のせいかもしれない。

また、部下やチームメイトとしては優秀だったのに、リーダーやキャプテンになった途端に実力が発揮できなくなる人はいないだろうか。

そのような人も、この禁止令の影響を受けている線が濃厚である。人の上に立つ立場になると、「重要な人になってはいけない」と自分でストップをかけてしまうので、思うように力を出せなくなるのだ。

12 **「所属してはいけない」「仲間入りをしてはいけない」**

「あの子と口をきいてはいけません」と親が友だちを選んだり、「この子は恥ずかしがり屋だから」と親が子どもの心を代弁してしまう例はあるだろう。そうなると、知らず知らずのうちに、子どもは同世代の子の中でもまれる機会が少なくなる。

この禁止令を持つ人は、**職場やグループにとけこめず、一人で行動することが多くなる。**サークルの合宿や社員旅行など、大勢の仲間と旅行に行っているのに、気がつくといつも一人で行動している人、飲み会や合コンに誘ってもいつも断る人は、この禁止令を持っている可能性がある。

13 **「存在するな」**

これはもっともつらい禁止令だろう。

幼い頃に虐待を受けたり、「お前さえいなければ、私は離婚していたのに」などと親の不幸の原因にされた子どもは、この禁止令をつくってしまう。

自分は生きていてはいけないという思い込みから、**自分の体や命を大事にできなくなる。**アルコールや薬物などに依存してしまう人は、この禁止令の影響を受けているかもしれない。

禁止令が人生に対する「基本的構え」をつくり出す

様々な禁止令をご紹介してきたが、あなたが思い当たるような禁止令はあっただろうか？　もちろん子どもの認知の仕方は人それぞれなので、「親にこう言われたら、子どもはこうなる」というような単純なものでもない。ただ、**この世界において「なにがOKでなにがNGなのか」を把握する上で、親の禁止令は大いに影響している**と言えるだろう。ちょっと振り返ってみていただきたい。

さて、こうした禁止令によって、４つの「世界のとらえ方」が生まれる。交流分析ではこれを「構え」と呼ぶ。**人生に対する基本的な構え**である。

人生の土台にどのような構えを持っているかで、大人になってからの人との関わり方などは変わってくるのだ。

1 「私もOK、あなたもOK」の構え

「この世に生きているものは、すべて価値がある」「自分が嫌なことは、他の人にやらない」など、自分も他者も肯定する構えだ。

この構えを持っている人は、**幸福な人生脚本を持ち、充実した人生を過ごしている人が多い**。親から受けた禁止令も適度なもので、自分の人生脚本にも他者の言動にも惑わされることなく、自分の望む方向に人生を進めることができる。

そして、「人格者」「尊敬できるリーダー」タイプと言える。

心にゆとりを持ち、他人の気持ちに素直に共感できる。自分と同じように、他人も尊重できるのだ。

また、自分にも自信があるから、いつも前向きだ。ちょっとの失敗でもへこたれないし、常に周りの人を勇気づける気遣いも忘れない。

自分や会社の同僚などの日頃の発言を観察してみて、「みんなで頑張ろう!」「お互い、よくやったよね」などの言葉が自然とたくさん出てくる人は、この構えを持っていると言えるだろう。

2 「私はNG、あなたはOK」の構え

「自分はたいした人間ではない」「周りはみな素晴らしい人ばかり」と、自分に対しては否定的だが、他人に対しては肯定的な構えである。

この構えを持っている人は、有名小学校の受験に失敗したなど、親の過大な期待に応えられなかった体験を持っていることが多い。その敗北の体験を通して、「自分は能力がない」「ダメな人間だ」という禁止令を人生脚本に取り込んでしまうのだ。

だから自己評価が低く、あらゆることを消極的に考えてしまう傾向がある。せっかく恋愛や出世のチャンスが来ても、「どうせ自分じゃダメだ」と尻込みしてしまう。勇気を出して一歩踏み出しても、「きっと失敗する」と心の奥底で思い込んでいるため、結局うまくいかない傾向がある。

また、**自分に自信がないため、せっかく仕事で結果を出しても「いや、まだまだ」「あの人のほうが優秀だ」などと卑屈になりがちだ。**他人のほうがよく見えて、自分を下に見てしまう癖がある。

自分がNGで他人がOKだということは、人の支配を許すという意味にもなるだろう。ブラック企業で理不尽な要求をされても黙って従うのは、もしかしたら、この構え

を持っているのが原因かもしれない。

3 「私はOK、あなたはNG」の構え

「俺のものは俺のもの。おまえのものも、俺のもの」という、ドラえもんに出てくるジャイアンタイプがこの構えだ。自分は肯定するが、他者は否定する。

幼児期に親から過保護に育てられ、叱られることなく賞賛ばかりされてきた人に多い。だから、「欲しいものは何でも買ってあげるからね」「お前はすごいね」と、**自己中心的でわがままな態度**を取ってしまう。他人に対して支配的にふるまい、疑り深くなる。自分の考えに合わないものや、意見の合わない人を力ずくで排除しようとする、暴君タイプだ。

この構えを持つ人は、他人の成功を許せない。だから、成功している人の欠点をあげつらったり、弱い者いじめをして憂さを晴らそうとする。

ツイッターやブログを炎上させる人も、この構えを持っているのかもしれない。相手がまったく知らない人であっても、少しでも意にそぐわない行動や発言をすると、その人のプライバシーを徹底的に暴き立てて、破滅に追い込む。自分が正義だと信じて疑わ

人生に対する4つの構え

自分 ＼ 他人	OK	NG
OK	自信があり謙虚でもある	自己中心的で他人を認めない
NG	自信がなく流されやすい	人生に否定的

ないのだろう。

4「私はNG、あなたもNG」の構え

これは、もっとも問題のある構えである。「生きているのがむなしい」「人生なんて無意味だ」など、自分も他人も、すべてを否定してしまう。

この構えを持つ人は、幼少期に育児放棄などの虐待を受けた人が多い。無条件に自分を受け容れてくれる存在がいなかったため、自分の中に「心の安全基地」をつくれなかったのだろう。

だから、人間関係の濃淡が極端になってしまう。自分の殻に閉じこもって一切の人間関係を拒否する、いわゆるひきこもりもいれば、カルト教団の信者のように完全に他者に依存し、信

じ込んでしまう人もいる。

幼少期の禁止令などによって、こうした人生に対する構えが成立する。この構えが、その後の人生において、**世の中や人生を規定する「土台」**となるのである。構えによって、この世界をどう解釈するかが決まるのだ。

あなたを駆り立てている「ドライバー」

脚本に影響を与えるものに「ドライバー」というものもある。

たとえば、世の中には超ポジティブな人がいる。会社ではバリバリと働き、定時で仕事終了。その後は異業種交流会などで人脈を築いたり、セミナーに通って業界の最先端の情報を仕入れたりする。趣味が多く、休日は友人と海や山に出かけ、しっかり恋愛も楽しんでいる。

そんなエネルギッシュな人を見ていると、「人生が充実していて、羨ましい」と思うかもしれない。

しかし、そんな人たちは、不幸な脚本から逃れて自由に生きているのだろうか。

人が自由に自分らしく生きることはとても難しい。超ポジティブな人たちも、実は悪い思い込みにとらわれているかもしれないのだ。

心理学者のテイビー・ケーラーは、子どもを行動に駆り立てるメッセージを「ドライバー」と名付けた。英語のドライブには運転するという意味のほか、「駆り立てる」「追いやる」という意味もある。

子どもは禁止令と同じように、親からの言動によって行動を駆り立てられる。それが「ドライバー」だ。

ドライバーには、以下の5つがある。

1. 完全であれ
2. 喜ばせろ
3. 努力せよ
4. 強くあれ

5. 急げ

ただし、親は直接的にこれらのメッセージを言葉にして伝えているわけではない。テストでいい成績をとったときに、「よく頑張ったわねえ。ご褒美を買ってあげる」という親の喜ぶ姿を見て、「もっと喜ばせないと親に愛してもらえない」と子どもが「喜ばせろ」のドライバーを勝手に受け取るかもしれないのだ。

したがって、必ずしも親の本意とは限らない。親は単純に、子どもの成長を喜んでいるとも考えられる。

5つのドライバーを見て、「これって悪いメッセージ？」「むしろいいのでは？」と思う人もいるだろう。確かに、これらはある程度は必要な要素だ。しかし、心を強く支配するようになると、極端な行動に結びつく可能性もある。

「努力せよ」のドライバーに駆り立てられ、周囲が止めているのに寝る間も惜しんで働く人もいるだろう。もし身体を壊してまともに働けなくなってしまったら、結果的に自分が苦しむことになる。

「ほどほど」を学ぶのも人生では大切なことだ。ちょっと頑張りすぎているときに、

「もう少し肩の力を抜こう」と楽になるためにも、ドライバーの存在を知っておくのは必要なことである。

幸い、禁止令と違ってドライバーは自分で意識することが比較的容易だ。

たとえば、次のような言葉を子どもの頃に親や先生に言われたことはないだろうか。

・**「しっかり勉強して、いい大学に入れ」**→「完全であれ」のドライバー
・**「一生懸命努力して、成功せよ」**→「努力せよ」のドライバー
・**「何ごともテキパキと早く仕上げよ」**→「急げ」のドライバー
・**「人に迷惑をかけないようにせよ」**→「人を喜ばせろ」のドライバー
・**「勇気を出して自己主張せよ」**→「強くあれ」のドライバー

自分の中に「いつも、ついやってしまう」「こうしてないと、なんとなく不安」という行動パターンがあるならば、それはドライバーの影響かもしれない。

自分の中の人生脚本を知るには、自分が持つドライバーを知ることも大切だ。その存在に気づくことが、不幸な人生脚本から逃れるための第一歩だと言える。

「ドライバー」の特徴

ドライバーを知るには、主に4つのチェックポイントがある。(『TA TODAY』イアン・スチュアート、ヴァン・ジョインズ著/実務教育出版より)

①よく使う言葉や話し方
②身振り
③姿勢
④表情

それぞれのドライバー特有の動きを、これらのポイントに沿って説明していこう。

1 「完全であれ」ドライバーの人

①よく使う言葉や話し方

このドライバーを持つ人は、「相手にきちんと理解してもらおう」「誤解のないようにしよう」という意識が強い。自分の言いたいこと、伝えたい内容をきっちり伝えきらないと気が済まない。

「会社から200メートル先の交差点で待ち合わせね」「3駅先で乗り換えだよ」といった具合に、距離や量などの数字を使うことが多い。正確さを求める表れだろう。

プレゼンテーションのテクニックでよく使われる、「この話のポイントは、3つあります。まず1つ目は……」という要約する話し方を日常生活でもする人は、このドライバーを持っている可能性が高いだろう。

話し方はテンポや音程が一定である人が

「完全であれ」ドライバーの人の特徴

- 数字を多用する
- 丁寧な話し方をする
- 「考える人」ポーズをとる
- 直立不動
- いつも真一文字に口を閉じている

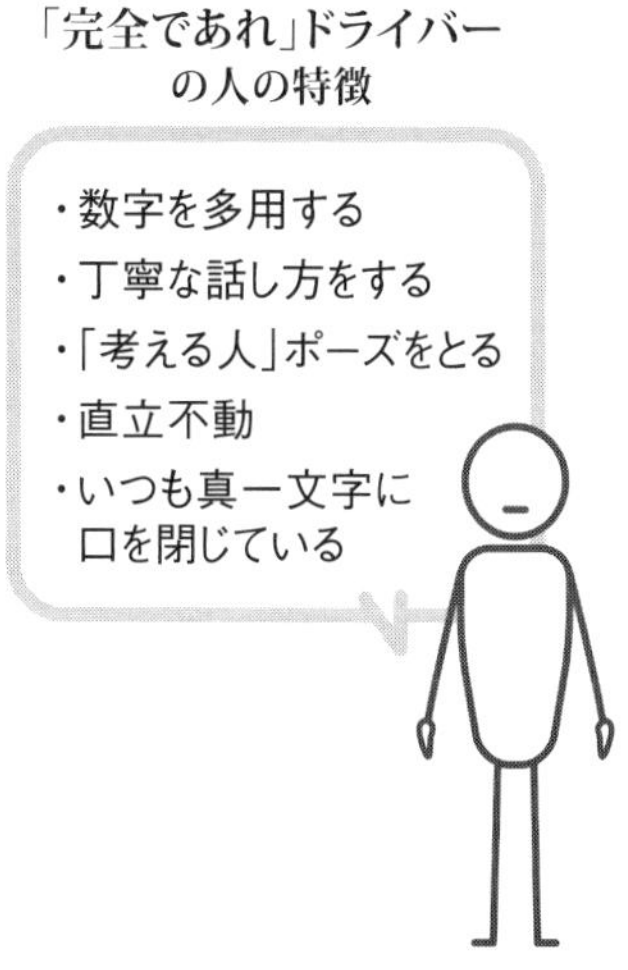

多い。これは、テレビのアナウンサーがニュースを読んでいる感じをイメージするとわかりやすいと思う。

きっちり話すことを大事にするので、子どもっぽい喋り方や、砕けた喋り方、乱暴な口調は使わない。丁寧な口調ではあるのだが、隙がなく、度が過ぎると慇懃無礼な印象を与えてしまう。

②身振り

数を数えるとき、指を折って数える人はいないだろうか。

特に周りの人と一緒に数えるとき、わざわざ人に見せるように指を折る人は、このドライバーを持っている可能性が高い。お互いの確認のために、自然とそうしてしまうのだ。

また、考えごとをするときや人の話を聞いているときに、「考える人」の彫刻のように手をあごにあてたり、左右の手の指先を突き合わせる「ピラミッドのポーズ」をする人も、このドライバーを持っている可能性大である。人の意見を思慮深く分析するのが癖になっているので、考えるときに決まったポーズをしやすいのだ。

③姿勢

姿勢はよく、背筋もまっすぐな人が多い。バランスのよい姿勢で、左右どちらかに傾くこともなく、前かがみにも後ろに反り返ったりもしない。

銀行員、役所の人やデパートの店員をイメージするといいだろう。身だしなみをきちっと整え、お辞儀も90度にするような感じだ。

④表情

無表情ではないが、かといって表情豊かでもない。口元がやや緊張していて、真一文字に口を閉じている人が多い。

話をしているとき、目線を前ではなく、上に向ける傾向がある。このドライバーがあると「間違えちゃいけない」と考え、頭の中で本や原稿を思い出しながら、それを読むように話してしまうのだ。

2 「喜ばせろ」ドライバーの人

①よく使う言葉や話し方

周囲の人を喜ばせることに一生懸命なので、「とても役に立つお話でした」「素晴らしい」など、褒め言葉や感謝の言葉が多い。

また、「でしょ？」「だよね？」「みたいな？」など、いわゆる半疑問の語尾を上げる話し方も、このドライバーを持つ人の特徴だ。これは自分の考えをはっきり言うより、相手の考えに合わせることが大事なので、断定的な言い方を避けるためだろう。そして、常に相手の反応を確認しながら会話を進める。

「やった！」「素敵！」と、大げさに喜びや賞賛を表現するので、上気した高い声で話す傾向がある。

②身振り

相手の話を聞きながら、「うん、うん」としっかり頷く。相手の意見に賛同していることを、体でも表現するのだ。

テーブルに向かい合って座ったときは、両手をテーブルの上に出していることが多い。さらに手のひらを上に向け、相手に差し出すようにする。これは、心理学的に「私は、あなたに心を開いています」というサインだ。こうやって相手を安心させようとしているのだ。

また、上目遣いや見上げる感じで、相手の機嫌をうかがう表情をしやすいのも、このドライバーを持つ人の特徴だ。

③姿勢

会話のとき、身を前に乗り出している人が多い。これは、「相手の話をしっかり聞こう」「相手が喜んでいるか反応を探ろう」という気持ちの表れだ。

④表情

いつも口角を上げ、一見笑顔のように見

「喜ばせろ」ドライバー
の人の特徴

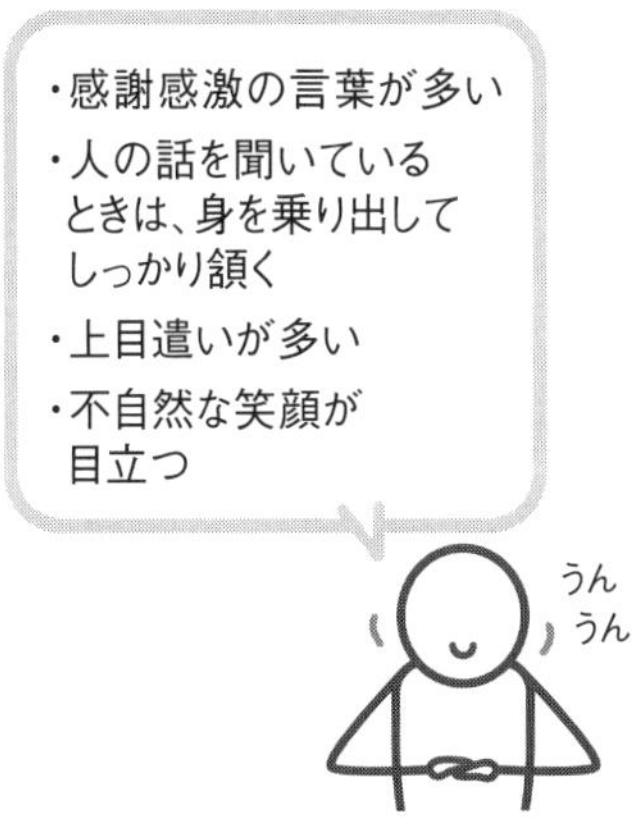
・感謝感激の言葉が多い
・人の話を聞いているときは、身を乗り出してしっかり頷く
・上目遣いが多い
・不自然な笑顔が目立つ
うん
うん

えるが、なんとなく不自然な感じがする。相手を喜ばせ、好感を持ってもらいたいと思うので、笑顔や前向きな表情を維持しようとするのだ。

しかし、常に相手の話に同意できるとは限らない。内心、「そうかな?」と思うこともある。それでも笑顔でいようとするので、「目が笑ってない」などの不自然な笑顔になってしまうのだ。

3 「努力せよ」ドライバーの人

①よく使う言葉や話し方

難しい仕事や大量の仕事を頼んだとき、内容をろくに確認せずに「頑張ります」「やってみます」と軽々しく言ってしまう人は、このドライバーを持っていると推測できる。

単に状況が知りたくて「あの件、どうですか?」と質問すると、「すぐやります!」「これから取り掛かります!」と答える人も、このドライバーに駆り立てられているのだろう。

一方で、すぐに「これは難しい」「大変だ」という人も、実はこのドライバーを持っている可能性大だ。小さなことでも、「大変なんだ」とアピールして、「それに取り組む自分は、努力をしている」と感じようとしているのだ。

このドライバーに駆り立てられている人は、とにかく全力をつくさないと気が済まない。

だから、「疲れていない自分」より「疲れている自分」、「余裕のある自分」より「追い詰められている自分」の方が安心する。

そのため、「もう疲れた……」と声を絞り出すような感じで話すことが多い。元気に快活に話すと、まだエネルギーがたくさん残っている、努力が足りていないと感じてしまうのだろう。

②身振り

目が悪いわけでもないのに、目を細めて

「努力せよ」ドライバー
の人の特徴

・「頑張ります!」とやたら張りきる
・「大変だ」アピールが過ぎる
・目を細めて見る傾向がある
・姿勢はいつも前のめり
・眉間にしわを寄せ、
渋い表情をしている

物を見る。それほど遠くから話しかけているわけでもないのに、耳の横に手を当てて、話を聞こうとする。

こういう身振りが多い人は、このドライバーを持っていると考えられる。何気ないところにも、一生懸命見ている、頑張って話を聞いているという、「努力しないと」という気持ちが出てしまうのだ。

大げさにため息をついたり、机に突っ伏したりと、「頑張った」「やりきった」というポーズをよくする人も、このドライバーを持っているだろう。

③姿勢

「目の前のことに全力をつくそう」という気持ちから、前かがみになっている人が多い。資料を読んでいるときやパソコンを打つときに前のめりになっている人は、気持ちがそのまま姿勢に出ている。

上司に話しかけられると直立不動になる人も、このドライバーかもしれない。頑張る、努力するという気持ちを表すために、思わずそのような姿勢になってしまうのだ。

④表情

常に眉間にしわを寄せていたり、考え込んでいるような表情をする傾向がある。

余裕のある笑顔をしていると、「まだ頑張れる」「まだ努力が足りていない」と感じてしまうため、自然と厳しい表情になってしまうのだろう。

ときおり疲れたような表情も浮かべ、頑張っている自分を確認することもある。しかし、周囲から「今日はもういいよ」「休んでいいよ」と言われるのが嫌なので、すぐに厳しい表情に戻ってしまう。

4「強くあれ」ドライバーの人

①よく使う言葉や話し方

このドライバーを持つ人は、無意識のうちに「自分は弱い」「ダメなやつ」という思いを持つ。それから目を背けるために、反対のメッセージであるこのドライバーに駆り立てられるのだ。

このドライバーがあると、自分の感情や行動を、自分以外のもののせいにする傾向がある。そうやって、自分の弱さと向き合うことから逃げようとするのだ。恋人とちょっとした行き違いでケンカになったとき、「お前が悪いんだろ！」と相手のせいにするような発言をするのも、このタイプの特徴だ。

「幸せになれないのは世の中がおかしいから」「給料が上がらないのは、この国の政治がダメだから」と、個人の力でどうにもならないところに原因を求める発言をよくする。そうやって大きな敵をつくり、実際には何もできなくても、「大きなものにあらがっている自分は強い」と感じようとするのだ。

そして、低い声で淡々と話す人が多い。

ドラマや映画で、屈強で強面のボディーガードが不審な男を見つけたら、感情を抑えた低い声で「そこで、何をしている？」と言うのが普通だろう。甲高い声で「そこで、何してるんだい？」と言ったら、観客は興ざめしてしまう。このドライバーを持つ人は、声の調子でも強さを演出しようとするのだ。

②身振り

このタイプはどっしりと構え、目立った身振りはない。

人は慌てたり、パニックに陥ると身振り手振りが増える。つまり、身振りが過剰なのは弱さの表れにもなる。

このドライバーを持つ人は身振りを抑えることで弱さを隠し、強さを強調しようとしているのだろう。

③姿勢

人を見下ろすような姿勢や腕組みなど、強さをアピールする姿勢が目立つ。

皆さんも、背もたれにふんぞり返り、腕組みし、足も組みながら人の話を聞く上司がいたら、なんとなく「この人、偉そうだな」と思うのではないだろうか。

また、立ち姿がいつも仁王立ちのようになる人も、このドライバーを持っている可能性が高い。そうやって、「何事にも動じ

「強くあれ」ドライバーの人の特徴

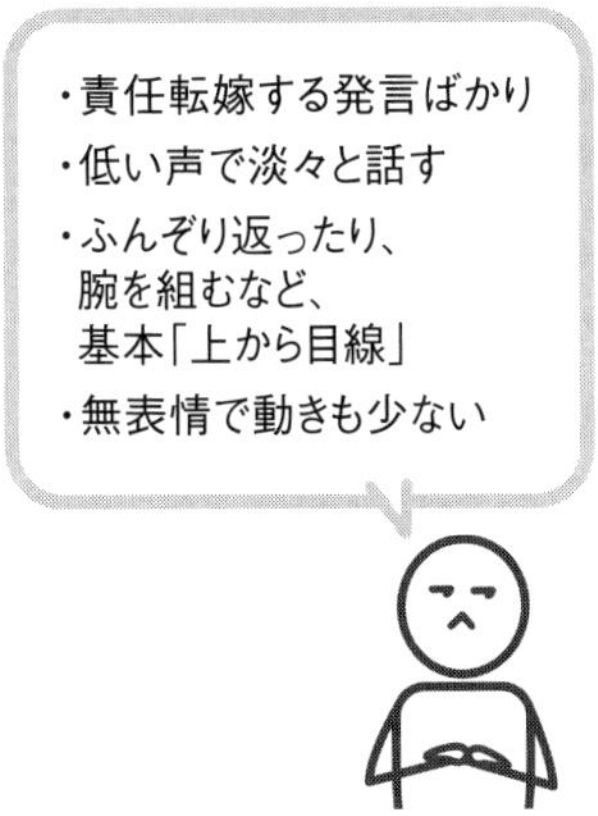
・責任転嫁する発言ばかり
・低い声で淡々と話す
・ふんぞり返ったり、腕を組むなど、基本「上から目線」
・無表情で動きも少ない

ないぞ」という気持ちを表しているのだ。

④表情

身振りと同様に、表情も変化が少ない。

「強くあれ」ドライバーに駆り立てられているからといって、相手を威嚇し、攻撃的であるとは限らない。

むしろ必死に反論したり、恋人に嘘がばれ、それを追及された時に「うるさい、黙れ！」と言うときの、力ずくで相手を抑えようとする表情は、その人の弱さが表れているだろう。だから表情を抑えて、弱さを見せないようにするのだ。

5 「急げ」ドライバーの人

①よく使う言葉や話し方

「とにかく急いで」「すぐやりなさい！」と、自分や周りを急かす言葉が多いのは、このドライバーを持つ人の特徴だ。

また、すぐに「時間が足りない」「もう時間がない」という人も、このドライバーを持っている可能性が高い。「急がないと」と常に焦っている状態だ。

このタイプは早口で話すので、「急げ」のドライバーに駆り立てられているのがわかりやすい。相手が話し終える前に口を開き、一度話し出すと、たたみ掛けるように話し続ける。

あまりに急いで話そうとするあまり、言葉がつかえたり、途中で舌がもつれることも度々ある。それでもゆっくり話さないだろう。

②身振り

このドライバーがある人は、待たされたり、物事が滞るとイライラしてしまう。

だから指で机をコツコツ叩く、つま先で床をトントンとする、貧乏揺すりをするなどは、このドライバーを持つ人の典型的な

「急げ」ドライバーの人の特徴

・「時間がない」といつも焦っている
・早口で人の話を平気で遮る
・何度も時計に目をやる
・じっとしていられない
・視線が定まらない

身振りだ。

そして話しているときには何度も時計に目をやる。いつも「早くしないと」「急がないと」と思っているので、時間が気になってしょうがないのだ。

③姿勢

とにかく、じっとしていられない。こまめに姿勢を変え、せかせかと動き回っている。列に並んで待っているときに、キョロキョロと辺りを見回したり、イライラしたそぶりを見せ、落ち着きのない動きをする人は、おそらくこのドライバーを持っているのだろう。

④表情

向かい合って話しているとき、動揺しているわけでもないのに視線をキョロキョロさせる。それは、このドライバーを持つ人の特徴だ。落ち着いて話を聞くのが苦手なので、つい視線があちこちに動いてしまう。

このドライバーを持つ人は、まさに猪突猛進だ。だから「じゃあ、行こうか」「これ、やろうよ」と相手に声をかけたとき、「ちょっと待ってください」「まだ早いですよ」と返されると、笑顔が一瞬消えたり、不機嫌な表情になる。常に前進していないと、落ち着かないのだ。

いかがだろうか。

「自分はもしかしたらこのドライバーに駆り立てられているかもしれない……」「そういえばあの人、こういう話し方をするなあ……」などと、思い当たるふしがあったのではないだろうか。

知らず知らずのうちに人生を操るドライバー。もちろん適度なドライバーは人生を前に進めるために必要だし、まったく問題はない。しかし、過度に影響されてしまうと疲れてしまう。

ドライバーを弱める、もしくは解除するために有効なのは「まず自分がどういうドライバーに囚われているか」に気づくことだ。ドライバーの特徴を見返してみて、自分のドライバーを探してみてほしい。どういうドライバーに動かされているかに意識的になるだけで、冷静になることができるはずだ。

人生脚本を前に進める「ゲーム」が展開される

人生脚本は、主に幼少期に書き上げられる。それも無意識のうちに。そして、その脚本は「禁止令」や「ドライバー」が生み出す。「これをしてはいけない」「これをしなさい」という親の言葉や態度などから、子どもは自分の中にルールを作り出し、それが人生脚本となっていく。

また禁止令などによって、子どもは人生に対する「構え」を作り上げる。人生の脚本は、「禁止令」や「ドライバー」、そして「構え」に基づいて作り上げられるのだ。**こうして出来上がった脚本を前に進めるのが「ゲーム」である。**心理学では「人生ゲーム」と呼ぶこともある。

ゲームとは**報酬を得るためにある行動を繰り返す**ことだ。私たちは無意識に、自分の人生を成立させるためのゲームに参加している。愛情やお金や幸福感といった報酬を得

人生脚本の構造

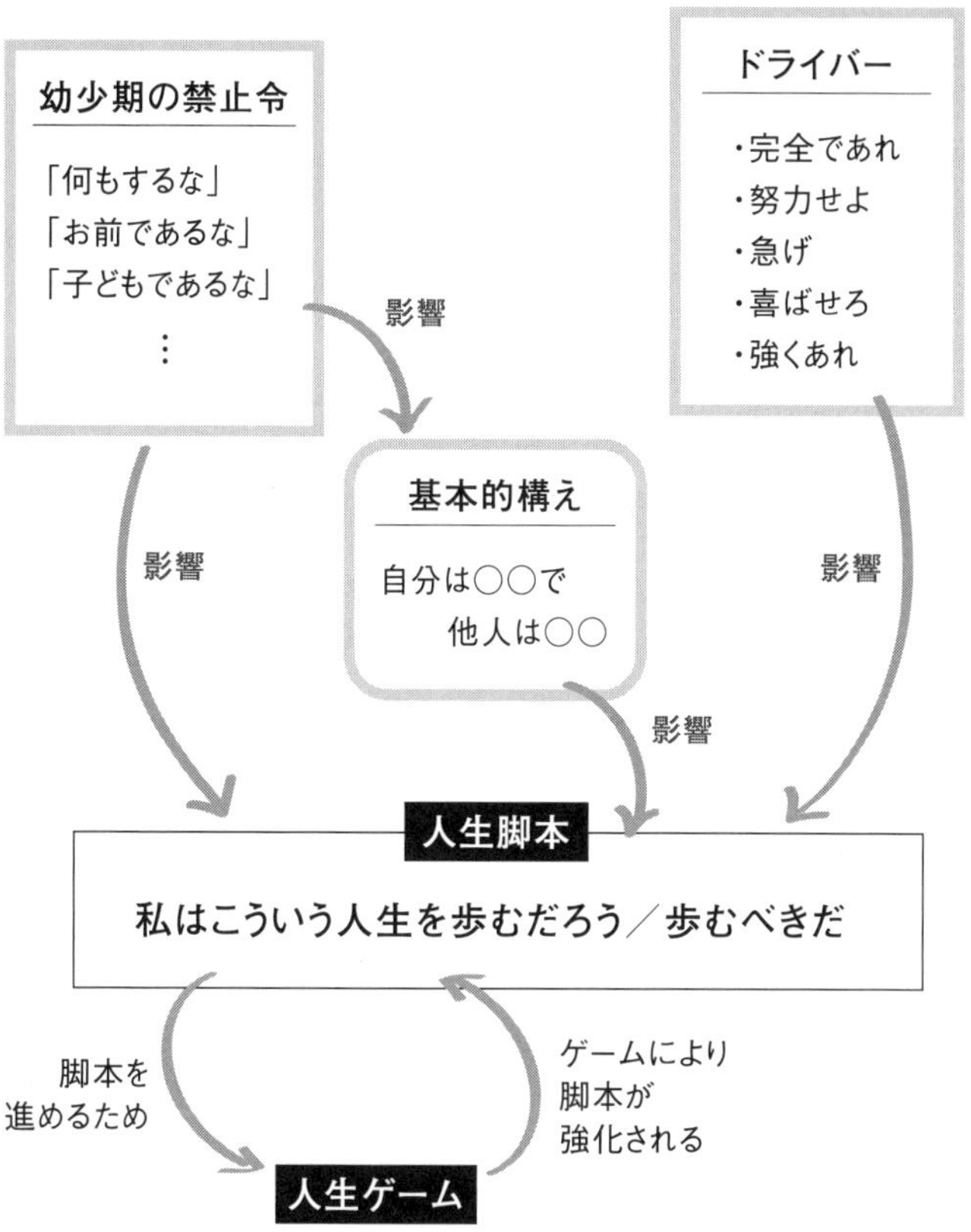

幼少期の禁止令
「何もするな」
「お前であるな」
「子どもであるな」
⋮
ドライバー
・完全であれ
・努力せよ
・急げ
・喜ばせろ
・強くあれ
影響
基本的構え
自分は○○で
他人は○○
影響
影響
影響
人生脚本
私はこういう人生を歩むだろう／歩むべきだ
脚本を
進めるため
ゲームにより
脚本が
強化される
人生ゲーム

るために、日々行動しているわけだ。

もちろん、人生にとって正しいゲームであれば問題はない。お金を稼ぐために仕事で成功する。愛情を得るために恋愛というゲームを続ける。こうしたゲームは何ら問題はないだろう。

しかし、ときにゲームは悪い方向にも作用する。

たとえば、他人を困らせたり、嫌な思いをさせることで満足感を得る。相手の気を引くために、問題のある行動を取る。自分に注目を集めるために遅刻をしたり締切を守らない。こういったパターンもゲームとして成立するのだ。

なぜ、ともすれば自分を不幸にも導くようなゲームに自ら参加してしまうのだろうか？

人は誰しも「他人から愛されたい」「自分を認めてもらいたい」という願いを持っている。幼いころ、親にあまりかまってもらえなかったり、親に厳しく育てられた人は、愛情に飢えている。そういう子どもは無意識に**「無視されるよりは、ネガティブでも相手に関心を持ってほしい」**と感じてしまう。そこで、親にふりむいてもらうためにイタズラばかりをして近所でもめ事を起こしたり、嘘を平気でついたりする。

人は怒られるよりも、無視される方がつらい。相手の関心を引くために、ゆがんだ行動を起こしてしまうのだ。それが習慣になると、大人になってもゆがんだ行動で相手の関心を引こうとする。

また人は、前述した**「自分の構え」を確認するため**にゲームに参加する。「私はOK、あなたはNG」「私もあなたもNG」といった構えを確認するために、問題行動を起こすのだ。

たとえば、同僚に対して一々「それっておかしいんじゃない?」と突っかかってしまうのは、「私はOK、あなたはNG」の構えを確認したいのだ。相手が傷ついた表情をしたり、苛立ったりすれば、自分の立場が強いのだと実感でき、満足する。

自分も相手もNGであるという構えを持った人は、世界をネガティブに捉えているため、そのネガティブな世界を証明するためにゲームを進める。よって自滅的な行動を取ることである種の満足を得るわけだ。そして、構えを確認するたびに、人生は「強化」されていく。それは、**自分の世界観が正しいと証明するための作業**なのだ。

「人生ゲーム」の公式

人生脚本を前に進めるために無意識に参加してしまう「ゲーム」。その構造はどうなっているのだろうか。

ゲームには公式がある。ちょっとわかりにくいため、例を使って説明したい。

昼下がり、オフィスの給湯室。

一人の男性社員が気分転換に席を立ち、コーヒーを淹れに来た。

すると、そこに後輩の女性社員A子がやって来た。

給湯室には二人きり。A子は、伏し目がちに男性社員を見つめ、こう言った。

「今日、お時間ありますか？　お話があるんですが……」

さて、皆さんはこんなシチュエーションになったら、どうするだろうか。

男性なら、心のどこかで「この子、もしかして俺に気があるのか？」と期待してしまうだろう。
しかし、これはその女性社員が仕掛けた「ゲーム」かもしれない。
エリック・バーンは、ゲームに必要な要素と展開を、以下のような公式にした。

餌（罠）＋弱み↓反応↓役割交代（切り換え）↓混乱↓報酬

1 餌（罠）

女性と二人きりの時に、「今日、お時間ありますか？」と言われたら、恋愛の想像をしないとしても、男なら少しは「何事だ？」「俺、何かしたか？」と、ドキッとするのではないだろうか。

A子は「話がしたい」としか言っていないので、単に仕事の相談がしたいだけの可能性は十分ある。実際に話を聞けば、たいしたことのない内容かもしれない。

そうだとわかっていても、なんとなく**「何かありそう」**と想像してしまう。それこそ、A子が仕掛けた「餌」なのだ。

餌は、言外に伝わって来る「裏のメッセージ」だ。

もし上司から、「君は面白いねえ」と苦笑交じりに言われたら、それは嫌味だとわかるだろう。人は言葉として伝えることだけが本心とは限らない。

そのようなときになんとなく伝わって来る「裏のメッセージ」が、餌なのだ。

ゲームを仕掛けてくる人は、食いついて来そうな人に向けて餌を投げてくる。

だから、他人が仕掛けてくるゲームに巻き込まれないようにするには、まずは相手の言動に何か含んでいると感じたときに、冷静に分析してみるといいだろう。

給湯室の例なら、たまたま居合わせ、ついでに言われたという感じなら、おそらく餌ではない。

だが、みんながいる場所で声をかけたり、社内メールで伝えるという方法もあったのに、あえて二人きりの時に声をかけてきたとしたら、要注意だ。相手は自分をターゲットにして何かを始めようとしていると思った方がいい。

2 弱み

給湯室の例で言うなら、女性に声をかけられるとすぐに「俺に気があるのか?」と勘違いしてしまう「**男の愚かさ**」「**下心・性欲**」だ。それが「弱み」である。

弱みは、相手に投げられた餌に思わず食いついてしまう衝動と、その原因を意味する。衝動の原因は、コンプレックスもあれば、食欲や性欲などの欲求、悩みや過剰な自信などさまざまだ。

あなたにも、「あいつにだけはバカにされたくない」「クリスマスまでに彼氏が欲しい」など、思わずムキになったり、必死になってしまう心はないだろうか。

人は、そういうところにめがけて餌を投げられると、思わず食いついてしまう。そうやって、ゲームに巻き込まれるのだ。

3 反応

これは、不幸にして「餌（罠）」と「弱み」がうまく合致し、ゲームを仕掛けられた人がつい起こしてしまうアクションのことだ。

A子の「今日、お時間ありますか？」という言葉に対して、「**じゃあ、今夜食事でも**」「**仕事の後、飲みながら聞くよ**」と答えたなら、しっかり反応してしまっている。

この反応が、ゲームの本格的な始まりと言っていいだろう。ここで「今、聞くけど」

「何？　仕事の悩み？」など、冷静に対応していればゲームに巻き込まれることはない。

これまでの人生を振り返ると、「あの時、あんなこと言わなければ……」「あの場面であんなことしなければ……」という苦い思い出は、誰しもいくつかあるだろう。

そんな思い出を振り返る時があれば、今後は自分の言動だけでなく、その少し前の相手の言動も思い出してみてほしい。よくよく考えれば、あなたの行動はゲームに巻き込まれていただけかもしれないのだ。

4　役割交代

「仕事の後、食事にでも」と誘われたA子は、「お願いします」と応じる。

最初は他愛のない仕事の相談だったが、お酒が入り、リラックスしたころにA子は「実は、Bさんからちょっときついことを言われてるんです」と本題を切り出す。

Bさんは社内で古株の女性社員だった。

目の前で若い女性が涙目で、今までどんなにひどい仕打ちを受けてきたのかを訴えかける。冷静な時なら、「それは君にも問題があるんじゃないの？」と指摘できるかもしれないが、既にゲームが始まっていると、そうもいかない。

「それはちょっとやりすぎだね。Bさんには、僕から注意しておくよ」と、つい男気スイッチが入って安請け合いしてしまうだろう。

A子は、「ありがとうございます！　やっぱり、△△さんに相談してよかった～。**頼りになります**」と無邪気に喜ぶ。

「いやいや、それほどでもないよ」と男性。

「でも、ほかの女の子たちも言ってますよお。△△さんは頼もしいって」

こんなダメ押しの一言を言われたら、男性は完全にエンジンがかかってしまう。

「どう？　オレんちで飲み直さない？」

ところがA子の反応は予想外だった。

「何か誤解されてません？　**ワタシ、そんなつもりで相談したんじゃありません！**　△△さんは会社の人にそうやって言い寄るんですか！」

ここで起きているのが、「役割交代」だ。

役割交代は、仕掛けた側と仕掛けられた側の立場が入れ代わることを意味する。つまり無意識でも**餌（罠）を仕掛けた側が今度は仕掛けられたかのように騒ぎ立てる**のだ。

攻守が入れ代わったり、加害者と被害者が入れ代わる。

男性社員は、手を差し伸べ感謝される側だったのに、いつのまにか手を振り払われ、糾弾される側に回ってしまったのだ。

5 混乱

予想（期待）がはずれて、突然の役割交代に戸惑うのである。すっかり悪者にされ、男性社員はそれ以来A子を避けるようになる。二人とも、後味の悪い思いしか残らなかったのだ。

6 報酬

これは、ゲームを仕掛けたプレイヤーが最終的に得たいと思っている感情やストロークのことだ。

ゲームの結果、その人が何を得たいと思っているかは、その人の人生脚本の内容や、4つの構えのどれを持つかによって変わってくる。

気に入らない先輩OLを排除するのも報酬の一つだろう。しかし、それは本人も意識しているはずだ。

それとは別に、無意識に求めている報酬がある。A子が「私はOKで、あなたはNG」の構えを持ち、「攻撃・他罰のゲーム」を仕掛けていたとしたら、「こんなことも解決できないの？」「本当に無能なんだから！」と罰を与えることで満足したいのだ。

もしくは、A子が「私はNG、あなたはOK」の構えを持っていたとしよう。この場合、求める報酬は「罪悪感」だ。男性社員を巻き込んだことを激しく後悔するのならいいが、「私って、いつもゴタゴタに巻き込まれてしまう」と悲劇のヒロインを演じたかったのかもしれない。

このように、表面的には同じゲームをやっていても、その動機や得たい報酬は人によってまったく違う。

ゲームを仕掛けたプレイヤーも後味の悪さだけを感じて終わる場合が多い。それなのに、また無意識が報酬を求め、ゲームを繰り返してしまう。ゲームは、こういう困ったコミュニケーションのパターンなのだ。

ゲームを仕掛けられるのは、男性社員のように人の悩みを真剣に聴いて受け止めてくれるような人や、プレイヤーに攻撃されたときに感情的になって反発する人、いじける人などが選ばれる。プレイヤーは適した相手を無意識のうちに選んでいるのだ。

ゲームの公式

餌（罠）＋弱み 男の弱みに対してA子が餌をまく

反応 男が反応する

役割交代 ゲームを仕掛けたA子が男に仕掛けられたように騒ぐ

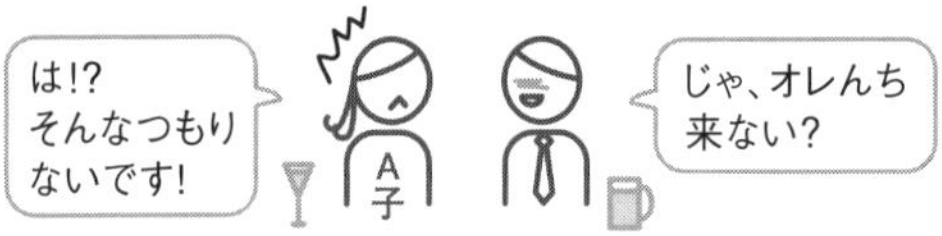

混乱 男が混乱する

報酬 A子は「罰を与える」ことで報酬を得る

➡「攻撃・他罰」のゲームの完成

ゲームの公式を理解すると、相手にゲームを仕掛けられたとしても、冷静にそれに対処できる。自分がゲームを仕掛けてしまったときにも、そのゲームを途中でやめることができるはずだ。

この例のように、人は人生のあらゆる場面で「ゲーム」を仕掛けたり、仕掛けられたりしている。それはほとんどが無意識であることが多いのである。

言葉に隠された「裏のメッセージ」

先ほど「餌」の解説の中で、「裏のメッセージ」というワードが出てきた。ゲームを理解する上で大切な概念なので、もう少し説明しておきたい。

裏のメッセージとは、表の言葉の裏に隠れた本当のメッセージということだ。送り手自身が意識していないこともある。そして、受け取り手が鈍感でなければ、その場の空気や表情などからわかるだろう。

ゲームは、この「裏のメッセージ」を送ったときから、また、それを受け取って相手が反応したときから始まる。
さらにいくつか裏のメッセージから始めるゲームの例を見ていこう。

例1 嫁と姑の会話

母親（姑）と息子の嫁とは折り合いがつきにくいと言われる。少なくとも母親にとって嫁は、息子を奪い取る侵入者だ。姑にとって嫁の役割は、息子の世話と家の存続である。嫁の人生そのものはどうでもよいのだ。よって以下のような会話がなされる。

◇表のメッセージ

姑「仕事がしんどいんじゃない？　体こわさないでね」
嫁「どうもご心配いただいてありがとうございます。大丈夫ですから」

一見、嫁を心配する良き姑のようにも思える。しかし、裏のメッセージはこうだ。

◆裏のメッセージ

姑「仕事を辞めて、家庭のことに専念したらいいのに」
嫁「あなたの言いなりになんかなるものですか」

嫁は姑のメッセージに裏があると感じ、そこに皮肉が込められていると受け取った。嫁が感じたのは「姑は自分を家庭を維持する手段と考えており、自分の人生のことなど本気で心配するはずがない」という思いだ。だから皮肉っぽく返答しているのだ。姑も「女は仕事なんかせず、家庭に居るべきだ」と思い込んでおり、皮肉を込めてメッセージを発しているのかもしれない。

例2 看護師と患者の会話

◇表のメッセージ
患者「痛みが治まらない！　なんとかして！」
看護師「もう少し我慢して下さい」

◆裏のメッセージ

患者「もっと世話するのがあんたの仕事だろ！」
看護師「忙しいのに、いちいち呼ばないで！」

裏のメッセージを見ると、患者は相手のあら探しをして、自分のＯＫを確認するゲームを仕掛けているようだ。看護師側は「同情集め」や「責任転嫁」のためのゲームを仕掛けているように見える。

例3 親と子の会話

家庭の中の親子関係にもさまざまな問題が見られる。とくに管理主義な親や、逆に無関心な親と思春期の子どもの間ではバトルが繰り広げられる。

◇表のメッセージ

親「うるさく言うのはお前のためだからだよ」
子「わかってるよ。うるさいな」

◆裏のメッセージ

親「親の言う通りにすればいいんだ」

子「自分のことは自分で決める。親の操り人形じゃないんだ」

この裏のメッセージを見ると、親には典型的な「あなたのため」という仮面をかぶった「他者支配」のゲームが見られる。子どもには「責任転嫁」や「追い詰め」のゲームが見られる。

例4 上司と部下の会話

会社の人間関係の基本である上司と部下の関係には権力関係が絡むので、屈折した心情になりやすい。

◇表のメッセージ

上司「また休暇とるのかね?」

部下「何か問題あるでしょうか？」

◆裏のメッセージ

上司「この忙しいときに、仕事を優先しろ」

部下「権利を行使して何が悪いのか」

例5 同僚どうしの会話

会社の人間関係のもう一つの柱である同僚どうしにも、競争・妬み・攻撃などによるめんどくさい人間関係が見られる。

◇表のメッセージ

同僚1「部長と仲がいいみたいじゃない」

同僚2「別にただ同じ趣味なだけだよ」

◆裏のメッセージ

同僚1「ゴマすってるんじゃないの?」
同僚2「あんたにそんなこと言われたくないね」

同僚1の皮肉には一種の「あら探し」ゲームが見られる。それは妬みによる非難・攻撃と考えられる。

このように、人はときに**裏のメッセージを使って相手をゲームに誘い出し、報酬を受け取ろうとする**ことがある。ゲームを仕掛けることで、「私はOKで、あなたはNG」などの構えを確認するのだ。もちろんすべての会話に裏のメッセージがあるわけではない。それに、そんなことをつねに考えていたら、気持ちが持たない。

ただ、人はこうした裏のメッセージを使ったゲームをときに仕掛けがちだ、ということは知っておくといいだろう。

知らず知らずに仕掛けている7つのゲーム

では、日常的に演じるゲームの種類はどういったものがあるのだろうか。

エリック・バーンは、「キック・ミーゲーム」や「法廷ゲーム」など、その種類を30以上も挙げている。それぐらいゲームは多様で、それゆえに自分も周りも気づきにくいのだ。

ここではゲームを大きく7つに分類し、それぞれの特徴を紹介したい。

1 自滅(自罰)のゲーム 「どうせ私はダメだから」

あなたの周りに、しょっちゅう遅刻をしたり、何度注意しても同じミスをする人はいないだろうか。

傍から見ていると、「イラッ」とする人が演じているのが、このゲームだ。

このパターンのゲームは、「私はNG、あなたはOK」か「私もあなたもNG」の構えの人生脚本を持っている人が演じやすい。**自分のダメさを確認し、そんなダメな自分を罰する気持ちがこのゲームの報酬**になっているのだ。

ゲームを仕掛ける人は、無意識のうちに周囲を挑発し、非難を自分に集める。そうやって上司などから怒られ、周囲から拒絶されることで、「やっぱり自分はダメな人間だ」と否定的な人生脚本を確認しているのだ。

父親が飲んだくれのアルコール依存症だった人は、表面上の意識では「自分は父親のようになっちゃいけない」と思っているだろう。だがその裏では、「健康になってはいけない」という禁止令を自分に課している場合がある。そのため自分自身も父親のように酒を飲み、自堕落な生活を送ることになる。

2 攻撃・他罰のゲーム 「土下座しろ！」

「痛みが治まらないからなんとかしろ！」とわめく患者や「料理が遅いから金は払わない」と主張する客、「こんなところに資料を置きっぱなしにするなんて、だらしない！」と小さなことでいつまでもグチグチ文句を言い続ける人。

このような人たちが演じているのが、「攻撃・他罰のゲーム」である。

このゲームを演じやすい人は、「私はOK、あなたはNG」か「私もあなたもNG」の構えを持っているケースが多い。

店員がちょっとミスをしただけなのに土下座を求める人や、モンスターペアレントなどは、まさにこのゲームをしていると言っていいだろう。

このゲームは、**他人を否定することで、自分は正しい、自分には価値があると確認している。**だから、このゲームをしている人は、一見すると攻撃的で自信過剰にも見える。

しかし、心の裏に実は「自己否定」が潜んでいることも多い。弱い自分、ダメな自分を守るために、他人を攻撃して、自分の正しさを確認したい、という場合もある。

3 責任回避のゲーム 「私は悪くない」

手柄は自分のもの、失敗は部下のせいにする上司は少なからずいるだろう。

上司の指示通りに作業を進めたにもかかわらず、それが間違っていると第三者から指摘されたときに、「お前の話の聞き方が悪い」と部下のせいにする人。こういうタイプは「責任回避のゲーム」を演じている。

このゲームの特徴は、**人生の大事な局面で、自分の責任からとにかく逃げる**ことだ。極端な話、彼女から妊娠を打ち明けられ、「それってオレの子?」と言ってしまうのも、このゲームの影響かもしれない。

このゲームを演じる人は「私はOK、あなたはNG」と、自分を肯定する構えを持っているのが一般的である。

自分を肯定する気持ちは、前向きに生きていく上では大切な要素である。しかし、自分を肯定することばかりに執着するため、他人を認める謙虚さが持てず、責任を自分で負おうとしない。

「本当は勉強不足だから試験に落ちた」「あまり練習しなかったから試合で負けた」だけなのに、「俺の家は勉強する環境じゃないから」「グラウンドが暑くて練習どころじゃなかったんだよね」と、責任を自分以外になすりつける人は、このゲームの典型的なパターンだと言える。

4 競争のゲーム 「オレは昨日も徹夜」

「オレ、昨日も徹夜で仕事しててさ」とか、「私、またサークルの役員やることになっちゃって困っちゃう」など、やたらと「オレは頑張っている」「私は大変」とアピールする人は、皆さんの周りにもいるだろう。

実は、これも一種のゲームかもしれない。

このゲームをする人は、**他人との比較、他人からの称賛でしか、自分の存在価値を確認できない**と思い込んでいる。

だから、「ありのままの自分」など、無価値なのだ。とにかく苦労して、「他人よりすごいんだ」と感じていないと気が済まない。

仕事中毒の人は、まさにこのゲームをしていると言えるだろう。毎日深夜まで残業し、周囲に「オレはこんなに頑張っている」とアピールする。実は心の奥にある劣等感やコンプレックスのために、「努力していない自分には価値がない」と思い込んでいるかもしれないのだ。

5 他者支配のゲーム 「あなたのために言っているんだ」

自分の思い通りに動かない部下を怒る上司、子どもに自分のかなえられなかった夢を押しつけ、自分の分身のように教育する親。

このゲームは、人に対して支配的なタイプが演じているゲームだ。

支配の方法は力ずくで相手を押さえ込むとは限らない。また、自分の不幸な境遇をアピールし、相手の同情を利用して支配する例もある。

たとえば「私はＮＧ」の構えを持っている人は、自分の不幸を大げさに言い、周囲からの同情を集めて相手を支配しようとする。

日頃から「私、低血圧だから」「昔から体が弱くて」と病弱キャラをアピールする人、ちょっと仕事を頼んだだけなのに大げさに騒ぐ人などは、皆さんの周りにもいるだろう。

もし、単に「大丈夫？」「大変だね」と言って欲しがっているのなら、「競争のゲーム」である。だが、「体調悪いから、シフト代わって」「一人じゃ仕事が終わらない」と、相手の行動を支配しようとしている人は、「他者支配のゲーム」を演じているのだ。

同情を得るのだけが支配の手段ではない。

上司に仕事の相談をしたとする。上司は当然、「こうしたほうがいいのでは？」とアドバイスをするだろう。

ところが、せっかく受けたアドバイスを、「はい、でも、それだとこういう理由でできません」と、片っ端から否定していく人がいる。

これも、相手を支配する方法の一つなのだ。

相手に解決策を求めておきながら、それをどんどん否定していけば、相手はうんざりする。無力感を抱き、場合によっては怒り出すだろう。そうなれば思う壺だ。

相手の意見を拒否することで、自分の思い通りに進めようとするのだ。

また、「私はOK、あなたはNG」の構えを持つ人がこのゲームを始めると、**「あなたのため」「君のことを思って」と言いながら、相手の行動に事細かに指図をする**ようになる。

これは、もちろん「あなたのため」などではない。「自分のため」だ。

そうやって相手の自由を奪い、何かあると「ほら、私の言うことを聞かないから」と、どんどん支配していくのだ。

6 復讐のゲーム 「この恨みは絶対に晴らす」

名称からして恐ろしいゲームだ。

日頃の家事の苦労を理解しない夫への腹いせに、ある日突然実家に帰ってしまった。

恋人に「仕事が忙しいから、今日は会えない」と言うと、すぐにスネて、しばらく口をきいてくれなくなる。

夫婦や恋人同士の間では、こういう場面はしばしばあるだろう。

この程度なら、まだ許される。これがエスカレートし、「復讐のゲーム」になると大変だ。

このゲームは文字通り、自分にひどいことをした誰かへの復讐が目的になる。

厄介なことに、復讐の相手が、ゲームを仕掛ける相手と一致しているとは限らない。

たとえば、彼氏がちょっと女友達と出かけただけでもすぐに怒り、「今度あの子と話したら、別れるから！」と、やたらと彼氏を束縛する女性がいたとしよう。

一見、彼氏が原因のように思える。ところが、この女性が本当に復讐したい相手は別にいて、それが原因となっている場合もある。それは浮気を繰り返して母親を泣かせた父親であったり、二股か三股をかけた上に自分を捨てた元カレかもしれない。そういった過去のコンプレックスや心の傷が、「復讐のゲーム」の原因になっている例もあるのだ。

また、**「復讐のゲーム」に支配されている人は、他人の幸せが許せない。**

「今度、結婚するんだ」と報告したら、その友人が陰で自分の悪口を言いだした。同期で自分一人だけ昇進したら、仲間から誘ってもらえなくなった。これも「復讐のゲーム」の一種である。

なかには、幸せな友人に「何か悪いことが起これぱいいのに」とまで願ってしまう人もいる。自分に劣等感を抱かせる相手が悪いのだと逆恨みし、復讐に燃えるのだ。

7 依存のゲーム 「なんで返事くれないの？」

彼が電話に出なかったり、メールの返事が少し遅れただけで、不安になって何度も連絡をする女性は、依存のゲームを演じている可能性大である。

これは**相手にすがり、とにかく頼り切る**ことを目的にしているゲームだ。

自分を悲劇の主人公に仕立て、時には嘘のストーリーをも仕立てて、相手や周囲の同情を引こうとする人もいる。

「自分の苦しみを誰も理解してくれない」と嘆き、相手が手を引けないようにして巻込もうとする。そして相手はいつのまにか「援助しなければ」と思わされてしまうのだ。

このゲームを演じる人は、「考えるな」や「成長するな」の禁止令を持っている人が多い。だから、相手に依存しようとしてしまうのだ。

先輩離れできず、いつまでも後輩キャラになりたがる人も、このゲームを演じているかもしれない。責任を負うのを嫌がり、いつまでも誰かに頼り続けているのだ。

脚本を書き上げる前提となった「思い込み」

これまで述べてきたとおり、人は幼少期の「禁止令」などによって、人生や世界に対する「基本的構え」をつくり出し、勝手に「自分はこういう人生を歩むのだろう／歩むべきだ」という「人生脚本」を書き上げてしまう。そして、その人生脚本を遂行するための「ゲーム」に参加することになる。

よって、幸せになるという脚本を持ち、幸せになるゲームを続けている人は問題ないが、不幸になる脚本を持ち、日々不幸になるゲームを続けている人は、意識的には「幸せになりたい」と願っていても、自然に不幸の道へと突き進んでしまうのである。この人生脚本の力は強大で、変えようと思ってすぐに変えられるようなものではない。

やはりここで気になるのは、そうしてできあがった人生脚本は書き換えられるのか？ということだろう。結論から言えば、１００％とは言えないが、変えることは可能であると言いたい。本書ではその解決策も述べるつもりだが、その前に脚本に隠れている無数の「思い込み」についてしばらく語りたいと思う。

そもそも**禁止令によって「こうしなければならない」「こうあるべきだ」というのは、幼少期に私たちが勝手に抱いた「思い込み」**である。誰も「そうならねばならない」とは言っていない。仮に親や教師が「こうあるべきだ」と言ったところで、それに従うかどうかだって、その人次第なのだ。つまり、従うと決めた時点で、「親や教師は正しい」という思い込みに囚われていると言えよう。

決まりかけた人生を変え、脚本に支配された人生を変えたいと願うのであれば、まずそれを成り立たせている「思い込み」を外すことが必要なのである。

第2章

人生脚本は多くの「思い込み」でできている

人生を支配する「思い込み」

人生脚本を成り立たせている「思い込み」は、あなたの人生のほぼすべてを支配していると言っても過言ではない。

たとえばあなたはどういう性格だろうか？

明るい？　暗い？　引っ込み思案？　積極的？

なにかしら自分はこういう性格と言えるものが誰しもあると思うが、それは思い込みであると言える。なぜなら根拠がないからだ。

たとえば暗い性格だと言う人はどういう理由を挙げるだろう？　「人と話すのが嫌い」「部屋に閉じこもりがち」「すぐに落ち込む」……そんな理由を挙げるかもしれない。しかし、誰もそうしなければならないとは言っていないし、その行動を選んだのは他ならぬあなたである。そして、その行動の積み重ねでできあがったあなたが、勝手に「暗い」という性格であると思い込んでいるだけなのだ。今日からだって、今この瞬間からだって、性格とは本来どうとでもなるものなのだ。

突き詰めていくとそれ以上根拠がないものを「思い込み」という。

思い込みは、**「かけていることすら気づかないメガネ」**のようなものだ。自分ではかけているつもりはないのに、そのメガネを通して世界を見ている。

思い込みを定義すると「合理的な根拠がなく、あるいはしばしば誤った根拠に基づいて、それと自覚せずに断定・確信・前提としている心の働き」となる。

その特徴は、

・あまりに「自明の理」であり、当たり前すぎて、それがあることも意識しない
・気づかないうちにそれがあることを、前提としてしまっていること
・本人にとって疑う余地がないこと
・他の選択肢の可能性を考えないこと
・したがって根拠を問う必要性さえ感じないこと

などが挙げられる。

ようするに、**あまりに当たり前で、本人はそれを疑う余地がなく、他の選択肢を考えたり、根拠を問う必要はないと判断し、前提にしている**ことだ。

「一流大学に入り、一流企業に就職すれば、人生勝ち組だ」という考え方。これも思い込みだろう。一流大学に入り、一流企業に就職した人でも、会社での人間関係がうまくいかなくて転職を繰り返す人もいれば、会社を辞めて引きこもりになる人もいる。その逆に、高卒で働きに出て結婚して家庭を持ち、幸せに暮らしている人もいるだろう。幸せになれるかどうかは、大学の偏差値や会社の規模では決められないのだ。

また、「お金持ちになれば幸せになれる」というのも思い込みである。お金はただの紙だ。ただみんなが信用しているために物と交換できる便利なものではある。そんな紙をたくさん持っているからといって幸せになれるというのは、ただの思い込みなのだ。

「なぜ?」のループを打ち切るところから「思い込み」は生まれる

なぜ人は、思い込みの心理を持つようになるのだろうか?

それは「思い込み」こそが脳の負担を減らし、楽に生きることに寄与するからだろう。仮に思い込みがまったくなくなったら、私たちはどうなるだろうか？　極端な話、「服は着るべきかどうか？」「家族は信用すべきかどうか？」「食事は摂るべきかどうか？」というところから考えなければならない。こうして、あなたが本を手に取り、普通に読めているのは、これまでの経験がなせるある種の「思い込み」のおかげとも言えるだろう。

人は、**より効率的に生きるために、無駄な思考をしないように「思い込む」**のである。

私たちが日常生活を営むうえでは、「なぜ？」のループを適当なところで打ち切る必要がある。

小さな子どもは、思い込みが発達していない。よって、大人に対して「なぜ？　どうして？」という質問を繰り返す。

「なんで車は速いの？」

「なんでお父さんは会社に行くの？」

「なんで太陽って明るいの？」

など、大人にとっては自明のことをいちいち立ち止まっては考えるのである。
そこで大人は、こうして永遠に続く子どもの疑問を打ち切る必要に迫られる。

子「どうして幼稚園に行かなければいけないの？」
親「それは、幼稚園に行かないと小学校に行けないからだよ」
子「なんで小学校に行くの？」
親「勉強をするためだよ」
子「なぜ勉強しなくちゃいけないの？」
親「それは……？　どうしても！　もういいから明日の支度をしなさい！」

というようなやりとりを、子どものときに親とした人も多いだろう。

このように、「なぜ？」「どうして？」と根拠を永遠にどんどん遡っていくことを「**無限背進**」という。子どもは「なぜ？」を繰り返せば、やがて最終的な真実に到達できると考えるが、良識ある大人はそのような問いかけに、究極的な答えがないことを知っている。だから適当なところで質問を切り上げさせる。

そこで**答えを失った子どもは、「勉強はしなくてはいけないもの」と、疑問に感じながらも受け入れる**ようになる。それが思い込みになるのだ。

やがて、「テストのために勉強しなくてはならない」「偏差値のいい学校に入らないといけない」などさまざまな思い込みに縛られるようになっていく。「勉強ができない子は落ちこぼれ」というレッテルも、社会で都合よくつくられた思い込みに過ぎない。勉強しなくてはならない合理的な根拠はないように、世の中の多くのことは、本当は合理的な根拠はないのだ。

右図の有名な絵は、人によって老婦人に見えたり、若い女性に見えたりする。まったく同じ絵なのに、違って見えることから、各人の見方・考え方がいかにものの見方にバイアス（先入観）を与えるかをよく示している。

ものを認知するとき、自分特有の「フィルター」によって特定の見方を確立してしまうと、その他の情報は背景へ後退してしまう。この絵でいえば、老婦人と若い女性を同時に見ることは難しいはずだ。

人は情報を集めて秩序をつくりあげ、不完全なデータから完全な意味を読み取る習性を持っている。それは、自分の心のフィルターを通じてなされる。**自分に都合のよい秩序をつくりあげ、自分が納得するような完全な「意味」をつくりあげているの**だ。

「思い込みの根拠」も思い込み

あるとき「自分探し」というものが流行った。本当の自分を見つけるために旅に出る若者も多かった。自分のやりたいことが見つからない、今の自分は本当の自分とは違う、人生の目標が見つからない。こういった悩みを抱える者は、転職を重ねたり、お金に余裕のある人は世界中を旅してまわったりする。

しかし「本当の自分」というものはない。思い込みである。

というよりも、もっと深い話をすれば、「自分」というのも思い込みなのだ。人は生まれてきて自分というものがあるのだと思い込んで生きているが「自分」という存在すら思い込みがなせるわざなのである。究極的には人間というのは「地球という塵の塊の上に蠢くただのいきもの」なのかもしれない。たとえばプランクトンや虫には「自分」というものがあるだろうか？　自分というアイデンティティをよりどころとすることで安心しているのが、私たち人間なのである。

自分という思い込みに関する話を続けると、もう1冊本が書けてしまいそうなので、このあたりで切り上げたい。ようするに**自分という存在も含めて、この世は思い込みだらけであり、思い込みがこの世界をつくりあげている**ということが言いたいのである。

さて、そんな思い込みの根拠に使われるのは、主に3つの材料がある。

①科学的、客観的なデータ、②地位や肩書、③常識や世間体だ。しかし、この根拠とされているものですら「思い込み」に侵されている。その点について指摘しておきたい。

1 科学的、客観的なデータ

数値などのデータを根拠にするのは一般的だ。「数字はウソをつかない」とよく言われる。一見正しい根拠のように思えるが、データが必ずしも信用できるとは限らない。

たとえばテレビ局でよく行われる世論調査。これも当てにならない。この手の調査は、テレビ局側が欲しい回答に導くように質問を考えてある。

消費税を10％に上げることについて、各メディアが世論調査を行った。

朝日新聞：賛成24％、反対69％
読売新聞：賛成25％、反対72％
毎日新聞：賛成25％、反対68％
産経新聞：賛成32・1％、反対65・4％
日経新聞：賛成30％、反対63％

これらのデータを見る限り、7割近い国民が再引き上げには反対しているのだと思える。

一方で、NHKが行った世論調査では、「安倍総理はどのような判断をすべきか」と尋ねた。結果は、予定通り引き上げる23％、引き上げの時期を遅らせる35％、引き上げをとりやめる38％だった。そのデータをもとに、「予定通りに引き上げるべきだと答えたのは、全体の4分の1だった」と報じた。「予定通り」と「引き上げの時期を遅らせる」の数値を合わせると、5割の国民が再引き上げを納得していることになる。これだとまったく印象が変わるだろう。

数字は客観的事実のように思えるかもしれないが、そのデータを引き出そうとする側の意図が隠されている場合も多い。**数字自体は客観的に見えても、「それをどう読み取るか」「どういう数字を導き出すか」には、やはり人の思い込みが影響してくる**のである。

「地球が丸い」というのも思い込みの可能性がある。

私が学生180人に「地球が球体であると信じる」確信度（最高100％）について書いてもらったところ、平均が約85％であった。

「信じる根拠」について書かせたところ、①「宇宙からの画像を見たから」（132人）、②「教科書で教えられたから」（76人）、③「みんながそう信じているから・常識だから」（51人）が上位3つであった。

なお、信じない理由では「自分が見たわけではないから」が多かった。このような視点はとても重要である。

信じる根拠の上位3つについて、もしそれらが正しい根拠を問い詰めたら、おそらくどこかで答えられなくなるだろう。実際に、自分が見ていないから、「本当に丸いのか？」と聞かれ続けると、答えようがなくなるのだ。

アメリカには「フラットアース・ソサエティ」という団体がある。「地球は平たい」という主張をしている団体のようだ。科学的かつ客観的といえる見方でさえ、いまだに異論はあるわけだ。

ちなみに、アメリカでは進化論を信じていない国民が約3分の1もいるといわれている。あれだけITやあらゆる技術が発展したアメリカでも、人間の祖先は猿だったという進化論を否定する人がいるのだ。それは宗教が関係し、神様が今の人間の姿をつくったのだと信じている人たちが大勢いるからだろう。

「地球は丸い」という、**どう考えても客観的で自明に思えることでさえ、思い込みの余地は大きい**のである。

2　地位や肩書

「テレビで紹介されていたから」「お医者さんが勧めているから」「有名人も使っているから」……このような理由で、盲目的に何かを信じる人も多いだろう。

納豆、バナナ、ロングブレスと毎年のようにダイエットが流行っては消えていく。それらのダイエットを試してみる人は、テレビや雑誌で紹介されているのを見て、「みんながやっているから効果があるに違いない」と思っているのではないだろうか。

このように、「メディアで紹介されている」という事実も一つの根拠になるし、社会的な地位を持った人がする発言も根拠になるのだ。

近年増えている振り込め詐欺も地位や肩書を巧みに利用している。「警察ですが……」「社会保険庁の者ですが……」などと電話口で言われると、ふいに信じてしまうものなのだ。**地位や肩書はあくまで人が後から作り上げたもの。**そこに価値があり、信用できるというのは完全に思い込みである。

3　常識や世間体

「その企画、みんな反対してますよ」「あのプロジェクト、みんな面白いって言ってます」など、「みんな」というワードは安易に使いがちだ。このとき、「みんなって誰？」と聞いてみると、たいてい3人ぐらいしか名前を挙げられない。

また、行列のできているレストランを見て、「おいしいから並んでいるのだろうな」と思って並ぶ人は少なくない。実際に食べてみると、「べつに普通だよな。わざわざ並ぶほどでもない」と思うような味。自分以外の客も、食べ終えて釈然としない表情をしている。それなのに行列は絶えることなく続いている。そんなことがある。

みんなが並んでいるからおいしいに違いないというのは、**同調心理による思い込み**だ。このように、他の人々が正しいと考えているものを自分も正しいと思うことを、**「社会的証明」**と心理学では呼んでいる。

この社会的証明の罠にはまってしまったら、「みんながいいと言っているんだから、いいのだろう」と、判断軸が自分ではなくまわりの人になってしまう。自分の頭で考えられなくなるのだ。

「みんな言っている」「行列ができている」というのは判断の基準にはなりえない。私たちは、常識や世間体を根拠にしがちだが、それも思い込みに侵されていることを認識すべきだろう。

思い込みを生み出す「認知バイアス」に気をつけろ

日曜の夜になると、「明日から会社か……」と憂鬱になるビジネスパーソンは多いだろう。憂鬱になる出発点は、「仕事はつらいもの」という思い込みがあるからだ。仕事が楽しいと思い込んでいるなら、期待や興奮といった心の働きにつながり、日曜の夜も気持ちよく過ごせるはずだ。

このように、同じ事柄であっても、その人の思い込みによって楽しくなることもあれば、つらくなることもある。

思い込みは、あらゆる「認知バイアス」によって形作られる。どうしても人である以上、心に偏りが生まれるのは仕方がない。ただ、どういった認知バイアスがあるのかを把握しておくことは大切だろう。

ここでは主に4つのバイアスをご紹介しよう。

バイアス1　決めつけ思考

心理学用語で「スキーマ」という言葉がある。これは心の枠組みを意味する。

世の中には偏見が満ち溢れている。たとえば、髪を金色に染め、派手なメイクをし、原色の派手な服を着ている女性が子どもを連れて歩いている姿を見て、あなたはどう思うだろうか。

「ヤンママだ」「ちゃんと子育てをしていなそう」「家事もちゃんとやっていないんだろうな」と思う人は多いだろう。

このような偏見は、スキーマの一種である。「派手な人はいいかげん」と決めつけてしまっているのだ。

実際に話してみると、まじめで子育てや家事もしっかりしているのかもしれない。しかし、勝手に「近寄らないほうがいい」と判断し、態度にも露骨に出してしまったりする。

このようなレッテル貼りは、無意識のうちにやってしまっていることが多い。レッテルを貼ったほうが楽だからだ。

右翼、左翼といった分け方もレッテルであり、ここ数年流行りの「ネトウヨ」もレッテルの一つだ。最近出てきた「マイルドヤンキー」もレッテルである。人は、とかくそうやって同じ傾向の人たちを分類したがる。そうやって分類して考えたほうが理解しやすいのだ。

バイアス2 欲望

男性が、街で肌を露出して歩く女性に思わず見とれてしまうのは、それが本能だからだろう。異性に対する欲望という思い込みが「見とれる」という行動を生む。欲望というのは、根源的なある種のバイアスである。

「本能の赴くままに」という表現がある。

そう聞くと、考える前に行動しているようなイメージを受けるが、実際にはこうしたバイアスが作用している。

甘いものばかりを衝動的に食べてしまうのは、「甘いものを食べたい」という欲望があるからであり、その根底には「甘いものを食べられたら幸せな気分になれる」といった認知バイアスがあるからだろう。

バイアス3　感情

嬉しい、楽しい、苦しい、怖いといった感情もバイアスを生む。

「感情」によって、認知の仕方は変わるのだ。

しょっちゅうダジャレをいう上司がいるとする。自分の気分がいいときは、「場を盛り上げてくれようとしているんだな」と好意的にとらえて笑えるのだが、疲れているときは「空気を読めない上司だな」とイラッとする。

もしくは、他人の成功を見て、自分の調子がいいときには「おめでとう！」と素直に喜べるが、不調のときは「ちっ！」と舌打ちをして嫉妬してしまう。そんな体験をしたことはないだろうか。

これを**「気分一致効果」**という。気分がいいときはいい情報を、気分が悪いときは悪い情報ばかりを集めてしまい、物事のとらえ方が気分によって変化する現象のことを意味する。

恋人や友人にメールを送って、その日のうちにメールが返ってこないと不安になった経験があるのではないだろうか？　そんな気分のときに返信されたメールがそっけないと、「何か怒らせるようなことをしたかな」「自分は嫌われているんだろうか」と、どんどん不安になっていく。これも認知バイアスである。

自分が仕事や趣味に没頭していたら、返信がなくても気にならないかもしれない。不安という感情は、同じシチュエーションであっても、必ず生まれるとも限らないのだ。自分でどんどん不安な材料を探して、不安になっているといえる。

バイアス4 自己意識

女性がよく「私って○○じゃないですか」などと自己評価しているのを耳にする。

多かれ少なかれ、人は自分の性格を分析している。履歴書の長所と短所の欄に書く「自分は誠実だ」「自分は負けず嫌い」といった特徴もまた、バイアスにすぎない。そして、その意識は、そう明記することで強力になっていく。まさに「嘘から出たまこと」のような状態だ。

心理学では、自己評価など自分自身に意識を向けて認識することを**「自己意識」**と呼んでいる。自己意識が高い・低い、強い・弱いという表現で使われることが多い。

自己意識が高い人は、常に自分のしたことを反省していたり、自分を理解しようとしている。さらに、周りの人にどう思われているのかも気になる。周りの評価が気になるということだ。

髪型やファッションに気を遣うのも、周りの人にどう思われるのかという「他者評価」を意識しているからである。異性にモテそうな服や髪型にこだわるのは、分かりやすい例だろう。それも結局のところ、「女性はファッションにこだわる男が好きに違いない」という思い込みが発端になっている。


こうした認知バイアスが思い込みを生み出し、増強させていくのである。

もちろん、偏りをまったくなくして世界を見ることは不可能だろう。しかし、こうしたバイアスがかかっていることに意識的になるだけでも冷静になれたりするものである。

「強い信念」という思い込み

アニメ『巨人の星』は思い込みに彩られた世界である。

「思いこんだら試練の道を」という主題歌の冒頭からしてそうだが、大リーグ養成ギプスをつけて特訓を積むのも、自分が巨人のエースになるのだと父親により思い込まされていたからだ。父・星一徹の息子に懸ける激しい期待も思い込みである。思い込み一筋で、巨人のエースを勝ち取った親子なのだ。

思い込みは、成功すれば「信念」とも言い換えられる。信念を貫き通す人は、強く気高い人物のように感じるだろう。

しかし、その信念も思い込みである。

子どもの頃の親の教育がしっかりしていた、あるいは過酷な体験をして精神的に強くなっていったと思うかもしれないが、環境ではなく、思い込みが作用しているだけかもしれないのだ。

そもそも、人のパーソナリティは、その人が心の底から信じている「信念」というものを基盤として成り立っている。自分が「正しいと思い込んでいるもの」が信念になるといえるだろう。

たとえば、「話せば分かる」「人とは分かり合える」と信じているのだとしたら、それも思い込みかもしれない。話せば誰とでも分かり合えるのであれば、世の中から戦争はなくなるだろう。実際には、隣人と騒音でもめて、訴訟に発展するケースもある。話しても分かり合えない例はたくさんあるのだ。
私たちが「信念」だと思い込んでいるのは、以下のような考えから生まれる。

1「価値があると思っていること」と「現実」が一致すべきだ

ガンジーやマザー・テレサは信念の人だろう。彼らはインドの独立運動や貧しい人を救うことは価値があると考え、それを実現すべく行動を起こし、世の中を変えていった。信念の人の火種となっているのは、実は思い込みだといえる。

社会的な活動に限らず、ビジネスでのアイデアもそうだろう。

階段が動いたら便利だという思い込みからエスカレーターが生まれ、自分で開けなくても扉が開いたら楽だという思い込みから自動ドアは生まれた。誰かがそれは価値があると気づき、世の中もそれを求めているのだと思い込んだ。エスカレーターや自動ドアは本当に需要があったため、この世に存在するが、「これは受け入れられるはずだ」と思って世に出したものの、世間には受け入れられなかったビジネスアイデアは腐るほどあるだろう。

自分にとって「価値があることだ」と思うことと現実とが一致すべきだ、という考えは強い信念となる。

2 ものごとにはすべて意味がある

人は何ごとにも意味を見出したいと思いがちだ。

悪いことが続くと、「何か意味があるのかな」と手相を見てもらったり、星占いをチェックしたり、神社でお祓いをしてもらったりする。実際には、たまたま悪いことが続いただけで、玄関が鬼門の方角にあるとか、悪い星のもとに生まれたというのは、まったく関係ないかもしれない。

ものごとを虚無的に見て、なんとも思わなければ信念など生まれない。起きるものごとにはすべて意味があるという考えは信念に結びつくのだ。

3 周りの人も自分と同じような意識を持っている

「男は強くあるべき」「努力をすれば幸せになれる」「お金があれば心配事はなくなる」などの考えは「周りの人もそう思っているはずだ」という思いに支えられている場合が多い。そういう思いが「信念」となる。

このような考えを出発点にして、信念は固まっていく。

強い信念を持つと行動の指針となり、行動力や自信が生まれ、楽しさも生まれる。逆に、信念を失うと自信もなくなり、活気がなくなっていく。そういう意味で信念があるのはいいことかもしれない。

ただし、信念もいいことずくめだとはいえない。いい信念と悪い信念があるのだ。たとえば、あらゆる戦争は「自分が正しい」「これこそが正義だ」という信念から起きるだろう。悪い信念は悲劇を生むこともあるのだ。

「常識」「世間体」「空気」という思い込み

あなたは「世間体」と聞いて、何をイメージするだろうか？

企業で不祥事が起きた時、トップがそろって「世間の皆様にご迷惑をおかけして、申し訳ありませんでした」と頭を下げるのは見慣れた光景になった。

世間とは不特定多数のことを指し、ハッキリと「町内の誰々さん」と思い浮かべられない漠然とした対象だ。

日本では世間の目を気にして、道徳やモラルが生まれた部分も多い。

外国人から見れば、車は一台も通っていないのに赤信号で歩道を渡らずに待っている日本人の姿は、奇異に映るらしい。サッカーのワールドカップで観戦していた日本人サポーターが、ゴミ拾いをして帰る光景は、海外のメディアでも称賛されていた。

日本人は誰に命じられたわけでもなく、自然とそういう行動をする傾向がある。それは、「他の人に迷惑をかけてはいけない」「世間で決められたルールは守らなくてはならない」という暗黙の了解があるからだ。世間の目がいつも見ていると、思い込んでいる。

対して、欧米では宗教が道徳やモラルの規範になっている。

だから、世間の目はあまり気にしない。人は人、自分は自分という個人主義があり、そのうえで神様と自分との関係が成り立っているのだろう。

ここで、設問に答えてほしい。

次の設問で当てはまるものは◯、そうではないものは×を付けてほしい。

①子どもが学校へ行くのは当然だ。
②場の空気に水を差さない方がよい。
③女性に年齢を聞くべきではない。
④デートでは男の方がおごるべきだ。
⑤相手の年齢・地位などによって対応を変えるのは当然だ。
⑥社員（生徒）の不祥事に上司（校長）が直接関係なくても謝罪するのは当然だ。
⑦みんなが残業しているときに、一人だけ定時に帰るのはおかしい。
⑧外出前に髪や化粧（とくに女性）など身だしなみを整えるのは当然だ。
⑨年賀状などには返事をするべきだ。
⑩大人になったら、結婚して子どもを持つべきだ。

6個以上○が付いたら、常識に縛られていると言える。

「当然のことばかりではないか、どこがおかしいんだ？」という不満を持つ人は、すでに思い込みに支配されている。

この思い込みに支配される傾向にあるのは「私はNG、あなた（みんな、世間）はOK」という構えを持っている人だ。そして「自分からは何もするな」「自分の頭で考えるな」「重要な人になるな」などの禁止令が存在する場合が多い。そして、集団・周囲に「依存する」ゲームを演じやすいのだ。

もちろん、これらのことに従うなとはいわない。私自身も、社会生活を営むうえで、疑問を持ちながらも従っていることは多い。大切なのは、無条件で信じないことだ。疑問を感じる心を封印してしまったら、思い込みから逃れられなくなる。

「それぐらい普通だよ」「そんなの常識だ」という言葉は当たり前のように使われている。まるで、普通や常識だと決められていることからはみでてしまうのは悪だと言わんばかりだが、そもそもその基準は、いつ誰が決めたものなのだろうか。

「普通」や「常識」とはその時代、その社会に生きているほとんどの人が信じている考え＝思い込みのこと。家庭、学校、会社、趣味の集まりなどあらゆる場で、常識にしていることは満ちあふれている。

「授業中はおしゃべりしない」というルールや、「会社では仕事以外のことをしてはいけない」という暗黙の了解が成り立っている。

それが害のないことならいいだろう。世の中にはマナーやルールがあるから、秩序が生まれ、私たちは混乱しないで生きていける。

ただ、「みんなが残業しているときに、一人だけ定時に帰るのはおかしい」のような考えに、盲目的に従わなくてはならなくなると、相当息苦しくなる。そんな法律はないし、自分の仕事が終わっているなら家に帰っても問題ないはずだ。

そういう思い込みは、誰かが断ち切らないといけない。

まわりからどう思われようと、仕事に疲弊しきった毎日を送りたくないなら、定時で帰ればいいだろう。それが浸透していけば、いずれ定時で帰るのが「常識」になる。世間の常識はいくらでも変えられるのだ。

そういう場面で、「自分の生活を大事にしたいから定時で上がる」という信念を持つのは悪くないことだ。それが正しい選択だと思い込まないと、なかなか行動に踏み切れないだろう。そうやって自分の人生を充実させるために思い込みを利用するのは、むしろお勧めしたいぐらいだ。

ひとつ付け加えるなら、**インターネットも「常識」や「空気」を増長させるツール**である。マスコミによるマインド・コントロールと似たことが起きているといえるだろう。

ある意見に対して「炎上」したりすると、あたかもそれが多数派、すなわち「みんな」の意見だと思い込んで、自分の判断基準にしてしまう。世論誘導の危険性すらあるのだ。

また匿名性によって、無責任な個人攻撃や過激な意見を「愉快犯」的に書き込むことから、全体的に意見が極端化する危険性も感じる。これらは本当に「みんな」の意見なのか、自分自身の判断はこれらに流されてはいないか、よく考える必要があるだろう。

「嫌われているのではないか？」という心配も思い込み

あなたも子どものころから「相手の気持ちになって考えてみなさい」と周りの大人から言い聞かされてきたのではないだろうか。

ビジネスでも、よく「顧客の立場に立って考えろ」「顧客のニーズを読め」などといわれる。

果たして、人の気持ちはそんなに簡単に分かるものなのだろうか。多くの場合は、分かった気になっている、つまり思い込みにすぎないだろう。

心理学の世界でも、患者さんと何回も面談をして話を聞き、箱庭療法やロールシャッハなどさまざまな方法を駆使して、相手の心理を分かろうとする。それでも100%理解するのは難しいだろう。人の気持ちは、それほど簡単に分かるものではないのだ。

一方で、あなたは「人に悪く思われている」「嫌われているんじゃないか」と感じたことはないだろうか。

人の立場に立ち、相手の気持ちを考えるのはひじょうに難しいのに、人のネガティブな気持ちはすぐに分かったつもりになってしまう。上司が不機嫌そうな顔をしていたら、「何か怒らせるようなことをしたかな」と勝手に憶測して、そっと離れる人もいるだろう。あいさつを返してもらえなかっただけで、「あの人は自分を嫌っているのではないか？」という思いにとらわれる。

心理学の世界で、**「読心」**という言葉がある。ただし、超能力のテレパシーのように、相手の心を読み取る読心術ではない。これは「認知のゆがみ」という症状の一つである。相手のささいな振る舞いや、ちょっとした言葉から、「きっとあの人はこう考えているに違いない」と、他人の心理状態を決めつけてしまうことを意味する。度が過ぎると、すべて悪い方向に結びつけてしまうので、気を付けたほうがいい思考だ。

こうした思考に陥りやすいのは「私はNG、あなたはOK」の傾向がある人だ。自分に自信がない一方で、他人の価値観や評価にはとても敏感なのである。

他人の敵意や悪意を感じても、それがあるかないかは簡単には分からないし、仮にあったとしても気にする必要があるかどうかは検討の余地があるだろう。

成功者の「根拠のない自信」も思い込み

ビジネスで成功する人は「根拠のない自信」を持っていると、よくいわれている。この「根拠のない自信」も、言わずもがな思い込みである。

ソフトバンクの孫正義氏が、起業したばかりのころは「将来は豆腐屋のように、売り上げを一兆（丁）二兆と数えるような会社にしたい」と二人だけの社員に向かっていい、呆れた社員が辞めてしまったというエピソードがある。

これも根拠のない自信だと言えるだろう。しかし、その自信をもって事業に果敢に挑んだ結果、今はアメリカにも進出するぐらいの規模の一大企業になった。2014年3月期に、営業利益が初めて1兆円を突破したと報じられたように、本当に言葉通りになっているのだ。

「夢は思い続けていれば叶う」「思考は現実化する」という言葉もある。実際には、どんなに思い続けても夢が実現しないまま終わる人もいる。それでも、こういった前向きな言葉を信じたくなるのは、やはり自分の可能性を信じていたいからだろう。

「今の自分は本当の自分ではない」と思っているのかもしれないし、「努力すれば認めてもらえる」と思っているのかもしれない。ここまで読んできた人にはもうお分かりだろう。こういう考えも思い込みであり、何の確たる証拠もない。

しかし、こういう**ポジティブな思い込みが原動力となって、人は信じられないぐらいの実力を発揮することもある。**根拠のない自信があるから、目の前の壁を乗り越えられると信じることができるのだし、自分をステップアップできるのだ。

イギリスの家電メーカーのダイソンの創業者であるジェームズ・ダイソンは「僕が成功したのは運がよかっただけ。でもその運は引き寄せられるんだ」と語っている。

この言葉だけを聞いたら、単なるラッキーで成功したのだと思うかもしれないが、実際にはそうではない。紙パックがいらないデュアルサイクロン掃除機を開発するまでに、5年間もかけて、5127台の試作を重ねたというのだ。運ではなく、努力して理想の製品を完成させた結果なのである。その製品が売れるかどうかは、確かに運が関係しているのかもしれない。しかし、売れなかったらまた製品を改良して、売れるまで続けていたのではないかと思う。

そこまで試作を重ねたのは、「この製品は絶対に売れる」「この掃除機が世界を変える」という信念があったからだろう。そのようないい思い込みがあるから行動力も生まれ、成功に結びつくのだ。

もちろん、そういった自信に根拠はない。よって信念があれば成功するというのも思い込みに過ぎないことは覚えておかなければいけない。

こうした根拠のない自信を持つのは「私はＯＫ」という構えの確認である。

ひとつ懸念を示すなら、思い込みを良い方向に活用すれば成功するかもしれないが、

「根拠のなさ」が裏目に出ると失敗するということだ。

ひょっとしたら心の奥底に「成功するな」の禁止令があり、あるいは「急げ」というドライバーによって、失敗して「自滅のゲーム」を演じるかもしれないからである。

「血液型性格診断を信じる気持ち」が思い込みを生む

もう少しだけ、思い込みに関するトピックを続けたい。

血液型は初対面の人と盛り上がれるネタの一つだ。合コンでも、「君って、みんなに料理を分けていて気配りができるから、A型っぽいよね」という会話が交わされていたりする。

学問的には、血液型と性格には関連はないというのが定説だ。

そもそも血液型はA、B、O、AB型の4種類ではない。

きわめてまれな血液型は日本では20種類以上登録されており、「ボンベイ型」「スモールピー型」「バーディーバー型」などと呼ばれている。そのような血液型の人は、血液型占いで何を基準にしたらいいのかわからず、困っているかもしれない。ちなみにボンベイ型はO型に分類されているが、最近の研究では独立した型だという意見もあるようだ。血液型とは4種類という考え方自体、思い込みだともいえる。

ちなみに血液型占いがこれほど流行っている国は、日本以外にあまりない。たとえばアメリカ先住民のインディオは人口の70％以上がO型であった。そのような民族の場合は、血液型で性格を分類することがそもそも意味をなさない。日本の場合、血液型がA型を多数として、適度な比率で4種類にばらけていることが、流行の土壌になっていると思われる。

日本で血液型占いが流行る理由としては、次のことが考えられるだろう。

・仲間と集まったときの場の雰囲気に合わせるのには、血液型の話題は誰もが参加できるので都合がよい。他人とのコミュニケーションのきっかけとして血液型の話は当たり障りがなく、単純でわかりやすい。

・「A型は几帳面」「B型は変わっている」「O型はおっとりしている」「AB型は感受性が鋭い」など、誰にでも当てはまりそうな特徴が、どの血液型にもある。

・人見知りしがちな日本人にとっては、相手の性格を「こういう人だ」と分類し、認識するうえでとても便利な道具となる。相手の価値観や考え方について、つっこんだ質問や会話をしなくとも、「あの人はＡＢ型だから」といった具合に、他人を理解した気分になれる。

そもそも**日本人は位置づけが大好き**である。

人を「大企業に勤めている人はしっかりしている」「公務員は信頼できる」などと、属している集団で判断する。自分の頭で考えて判断しないのだ。

血液型性格診断を信じている人は、経験的に「Ｂ型の人はわがままで変人が多い」と思っている。自分が今までに出会った数人のＢ型の人が、その性格類型に当てはまるからだ。だが数人のサンプルでは、それが統計的に正しいとは言えない。「わがままな変人」はＢ型の人だけでなく、他の血液型の人にもたくさんいる。

それでも「あなたはＢ型だから、ちょっと人と変わったクリエイティブな才能があるよね」などと他人から言われると、「やっぱりそうなのかな」などと信じこんでしまう。

心理学では、これを「**フリーサイズ効果**」または「**バーナム効果**」と呼んでいる。

占いや血液型による性格診断など、誰にでも該当するような曖昧で一般的な性格に関する説明を、まさに自分のことだと思い込んでしまうことを意味する。

「私はA型だから几帳面」「オレはB型だからマイペース」と思い込んでいるのはバーナム効果であり、「射手座は冒険好き」「おうし座は穏やか」といった星座占いも当てはまる。むしろ、バーナム効果を利用して誰もが自分のことだと思えるようにしているのだといえるだろう。

1948年、アメリカの心理学者バートラム・フォアは、学生たちに「君たちの性格について心理検査した結果を教えよう」と伝えた。そして、「あなたはかなりの才能を持っている」「あなたは外向的で社交的な一面を持っているが、内向的で用心深い一面も持っている」などといった言葉を文章にして伝えた。

その言葉を聞いた学生たちは、いずれも「非常に自分に当てはまっている」と感じたと答えたが、じつはフォアは、どの学生にもまったく同一の文章を伝えていたのである。

このように誰にでも当てはまるような性格分析を、自分だけの特別なこととして受け止める傾向は誰もが持っており、それが自分の性格を形づくる思い込みとなっている。

よって、血液型によって性格が異なるのではなく、**血液型診断を信じることが思い込みを生んでいる**と言えよう。

ちなみに、こうした血液型診断を信じやすいのは、前述した「お前であるな」の禁止令が裏にあることが多い。世間・周囲に同調する「依存のゲーム」を演じやすいのである。

「第一印象」も思い込み

『人は見た目が9割』という本もベストセラーになったが、「第一印象は大事だ」という意見は依然根強い。

ある新聞の調査によると、82％の人が第一印象を重視していたという。

他人に対してある先入観を持ってしまうとそれに応じた接し方をしてしまい、結果的に予想通りになってしまうことを**「期待効果」**や**「ピグマリオン効果」**と呼ぶ。

たとえば、ある子どもについて「成績がよい」とニセの情報を与えられた教師は強い期待（思い込み）を持って接するので教え方がより丁寧になり、結果的にその子の成績が実際によくなるのだ。

ある調査では、3群の写真の人物の将来を判断してもらったところ、美人は性格、職業、結婚、幸福度などで高く判断され、容姿が魅力的でない人はいずれも低いと判断された。いわゆる美人のステレオタイプがあり、美人は性格が好ましく、結婚への適性がすばらしく、職業的にも成功し、より幸せになれると見なされやすいのだ。

また「イケメン」は、やることなすこと何でもプラスに見てもらえる傾向にある。男性の体型でもステレオタイプがある。たとえば、横幅があって身長の高い人の方が、社会的地位は高いと思われやすい。

実際にそうではないことは言うまでもないが、第一印象に左右されがちな私たちの習性については認識しておきたい。

ちなみに、外見を重視する傾向が強く、美容整形を繰り返すような人は「本来の私はNG」という構えがある。また「お前であるな」という禁止令があり、自分に自信がない人が多い。「自分の価値が他人からの称賛に依存している」という独断的な思考があり、人生ゲームとしては「競争のゲーム（他人に賞賛されることを求めるゲーム）」になりやすいだろう。

結婚できない人の心理にも「思い込み」の罠がある

昔から、「あばたもえくぼ」と言われるように、恋する人は盲目になる。

英語では「Love is blind.（恋は盲目）」ということわざがあり、フランス語でも「L'amour rend aveugle.」という同じ意味のことわざがある。この「思い込み」は万国共通かもしれない。

恋愛は異性の神秘化・理想化から生まれる。しかし、付き合いだして相手の内面などがわかり始めると「理想の異性像」ではないと気づく。

愛とは「相手の幸せを我がことのように願う感情」と言えるだろうが、そこには相手への自己同一視があり、相手の一部を幻想上の自分と錯覚している。さらに想像力によって相手を現実離れした理想像に昇華させることも起こるだろう。

色気のない話だが、虚像でない恋愛は存在しない。恋愛の9割は思い込みなのだ。

異性にモテたいという願望は、誰もが持っているだろう。
それ自体は不自然でもなんでもないが、行き過ぎると「オレはモテないから不幸だ」と思い詰めてしまう人もいる。なかには結婚できないことに焦りや不安を感じている人もいるだろう。これこそ、思い込みに支配されている例だと言える。

「結婚＝幸せ」ではない。

結婚をすれば自動的に幸せな家庭が手に入ると思っているかもしれないが、夫婦が互いに努力しないと幸せな家庭にはならない。それどころか、価値観の違う人同士が一つ屋根の下に暮らすようになり、ケンカが絶えなくなるというのもよくあるパターンだ。

恋愛感情の賞味期限が切れてからが、本当の付き合いになるのではないだろうか。その段階ではときめきやドキドキするような新鮮さはなくなるかもしれないが、愛情や尊敬といった別の感情が生まれる。思い込みのレベルから、実体のある関係になるのだ。なかには一生独身でも幸せに暮らしている人もいる。幸せは世間やまわりの人が決めるものではなく、自分で決めるものなのだ。

また、結婚しない人の中には「最高の相手と結婚できないなら、結婚しない方がましだ」と思っている人も多いだろう。その場合「妥協は敗北だ」という思い込みがどこかにあるのかもしれない。つまり、**自分が「いい」と思う相手というよりも、まわりの人たちに「美しい奥さんですね」「素敵な旦那さんですね」と思ってもらえるような相手と結婚したい**ということだ。

そういう人は、子ども時代に「自分の価値観を大切にする」「他人の評価を気にする必要はない」という体験が弱かったと考えられる。よって「他人の評価こそが重要なのだ」という価値観を抱いたのだ。

ここにも独断的な考えや自己中心性の認知バイアスが働いている。人生ゲームとしては、プライドや世間の評価を気にするという点から「競争のゲーム」を演じている可能性が高いだろう。

思い込みは体調にも影響を与える

ストレスは「それをストレスと感じるから」ストレスになる。同じ状況でもマイナスのストレスと感じる人もいれば、そう感じない人もいるのはそのせいだ。仕事で困難に出くわして「燃えてきたぞ！」とやる気になる人がいる一方、ストレスを感じて会社に行きたくなくなる人もいる。

ストレスと感じるのは「その状況が自分では対処できないし、それが重大な結果をもたらすに違いない」と思い込んでしまうからである。それが心身症（自律神経失調症）など、体調に悪影響を及ぼすこともある。

「ストレスに対処できない」という不安な感情は、筋肉や血液や内臓や内分泌腺に変化を生じさせる。同様に怒り、恐れ、心配、落胆、悲しみ、不満など、不快な感情は身体に過剰な刺激を与え緊張をもたらす。

たとえば、怒ると血液は凝固しやすくなり、血球数が増え、消化管の血流量が減る。心拍数も増加し、血圧も上昇する。

また、体調が悪いこと自体がストレスとなり、さらなるストレスを誘発することもある。少しの体調の変化でも「大変な病気に違いない」と思い込み、過度に心配し、クヨクヨする。そういったマイナスの気持ちが実際に体調に悪影響を及ぼすこともある。

こうなりがちな人には「完全でなければ、敗北だ」というような思い込みをもたらす認知的バイアスがあると思われる。「完璧主義」の人は「タイプA性格」といって、いつも不完全感に追い立てられ、リラックスすることがないため、心臓発作になる人が多いとも言われている。

このように思い込みが体調に影響を与えたり、もしくは体調が思い込みに影響を与えたりすることもある。思い込みの力はそれほどに大きいのである。

人は「思い込み」という世界の中で生きている

本章では、この世がいかに思い込みに満ちているかを伝えるため、あらゆる思い込みの例を述べてきた。常識や世間体、血液型や外見の第一印象はすべて思い込みである。多くの人にとって人生の大イベントである恋愛や結婚だって、思い込みによって成り立つ部分が大きい。

もっといえば、経済というものだって思い込みだ。景気・不景気という概念も人が後からつくり出したものだ。好景気だから多くの人が幸せになれる、不景気だから多くの人が不幸になるというのも思い込みに過ぎない。

このように思い込みは、世界の、人生の至る所に存在している。というよりも、この世は思い込みによってできていると言っても過言ではないだろう。

第1章でも述べたように、あなたの人生は自分で書いた脚本に則っている。それは無数の思い込みから成り立っている。よって悪い思い込みを取り除けば、人生の脚本は書き換えられる余地がある。本章ではさまざまな思い込みについて見てきたが、次章ではその思い込みの構造を詳しく見ていきたいと思う。

第3章

人生を支配する「思い込み」の正体

思い込みをつくる４つの外的原因

人間は、誰でも思い込みを抱えて生きている。

あなたの頭の中にある考え、性格や癖も、ほとんどが思い込みであると言っていいだろう。

では、思い込みの構造はどうなっているのだろうか？　本章では、思い込みの成り立ちを追究しつつ、具体的にあなたの問題がどんな思い込みに囚われているかを発見するところまでできればと思っている。

まずは、思い込みを形成する４つの外的な要素をご紹介しよう。

1　家族

家族は社会の最小単位といわれる。人は、家族を通してコミュニケーションの取り方や、社会のルールやマナーなどを覚えていく。

幼少期、全ての基準は親である。親の「正しい／正しくない」の判断基準が、その人にとっての判断基準のベースになる。

親が「公共の場では子どもは静かにすべし」と思っているなら、子どもはその考えをもとに育てられる。一方で、「子どもは騒ぐものだから仕方がない」と思っている親なら、子どもが大声ではしゃいでいても注意しないかもしれない。

これは、おそらくどちらにも正しいと言い切れる根拠はないだろう。子どもは親が「正しい」と思い込んでいる考えをもとに育てられ、結果として同じような考えを持つようになる。子どもは親の背中を見て育つものなのだ。

親がやっているから、それが当たり前だと思っていた習慣が、実は自分の家だけの習慣だったということは、多くの人が経験しているだろう。親子や家族の中で生まれる思い込みの例は、挙げればきりがない。

大人になった今となっては、家族のルールが全てではないし、世界には様々な価値観があることを知っている。しかし、幼少期は親とのコミュニケーションがほぼ全てだ。**親とのやりとりだけが「世界」**なのだ。人生でいちばん多くのことを吸収する幼少期に、家族、特に親から受ける影響は思った以上に大きく、今のあなたを左右しているのである。

2 教育

教育は、思い込み（信念、理念）のうえに成り立っている。

学校では、「元気よく挨拶をしなさい」「廊下で走ってはいけません」「目上の人を敬いなさい」「食べ物を粗末にしてはいけません」「みんなで仲良くしましょう」……など、集団行動や協調性を高めるための教えを叩きこまれる。それは「正しい人間になるにはこうするのが当たり前」という思い込みが前提にあるからだろう。

その国の文化や歴史によって固められてきた善悪、正しい・正しくないといった基準をもとに、子どもに物事を教え込むのが教育だ。考え方や価値観は国によって違うものなので、本当はどんな教えであっても「絶対正しい」とは言い切れない。

日本では留年は落第の烙印を押されるイメージがあるが、フィンランドでは「もう一年頑張る子」として、前向きに評価される。基礎力がついていないまま上の学年に上がるより、時間がかかっても理解することのほうを重視しているのだ。だから小学生でも留年している。

日本の受験システムの基準となる偏差値も、その数値は国で決めているわけではないし、そもそも他の国では偏差値などない。偏差値は、大手予備校が模擬試験のデータをもとに学部や学科の偏差値を割り出しているのだ。

そんな基準の数値なので、受験勉強ができれば優秀な人間だと思うのは、思い込みだといえる。日本で偏差値の高い大学に入学したところで、世界に通用するレベルになるわけではない。それ以前に、日本の企業で「高学歴だけれども仕事はできない」といわれている人は大勢いる。社会に出てから必要なスキルや知恵と、受験勉強とは別物なのだ。

幼少期における「親の教育」の次に子どもが接するのが「幼稚園や小学校での教育」である。特に小さいときに受けた教育は、思い込みを形成する大きな要因である。

3 会社・職業

会社や職業（業界）もそこで働く人間にさまざまな思い込みを植え付ける。

ビジネス＝企業活動の基本は「金儲け」だろう。利益を上げることで会社が大きくなり、日本経済（ＧＤＰ）が上向くことが豊かさをもたらすという考え方が根本にある。

ビジネスパーソンの考え方の根底には**「経済的・物質的豊かさこそが幸せをもたらす」という思い込み**が潜んでいることが多い。

また、日本では会社が宗教の代わりになっていると言われるように、出世のために命をも削って働く会社人間も多い。会社人間とはすべてを会社優先にし、いつも仕事のことが頭から離れない人間だ。会社の繁栄こそが自分の人生の不可欠の基盤であり、自分のアイデンティティであり、そのためにはどんな手段も許される。そんな思い込みに囚われた人間も多い。

業界常識としてやっていたことが、世間では非常識だという例もあるだろう。一昔前によく聞いた、地方の公務員が中央省庁の官僚に便宜を図ってもらうために行う「官官接待」。公務員の世界ではありうることなのかもしれないが、一歩外に出ると非常識なことだ。公務員にとってはその業界がいわば「世界」なのだろう。業界というものが思い込みを生み出すひとつの例だ。

さらには、教師は聖職、警察官は熱血漢が多いといった職業に関する思い込みも、多かれ少なかれあるだろう。医は仁術、すなわち医術は単なる技術ではなく人を救う道だという言葉もある。ポリシーが思い込みをつくるともいえそうだ。

4 社会常識

社会のルールや価値観は、国や地域、時代によって驚くほど違う。

たとえば、バブル期以前の日本では、転職する人は非常に稀だった。終身雇用が約束されていたからである。

だが、バブル崩壊で雇用や経済の状況が大きく変わってからは、よりよい条件を求めて転職することは珍しくなくなった。会社が自分を守ってくれるのだという思い込みは、幻想であるのだと気付いた人も多いだろう。

出かけるときは鍵をかけるのが常識だと普通は考えるが、今でも地方では鍵をかけない地域もある。家人の留守中に近所の人が家に上がりこむのは、普通の光景でもあるのだ。

社会常識など、定まっているようで定まっていないものなのである。

コントロールしがたい「自動思考」

思い込みを理解する上で重要な概念に「自動思考」がある。次に、自動思考について解説したい。

たとえば、山にハイキングに出かけたとする。

友人とおしゃべりしながら、道端に咲く野の花を愛でながら歩いていたときに、ふいに茂みがガサガサと大きく揺れた。

普通は、こういう場面では「ヘビ？　クマかもしれない！」と身の危険を感じ、とっさに飛び退くだろう。そこから出てくるのはかわいいウサギだと思う人は少ないはずだ。

心理学では、**ある状況や出来事に遭遇したときに、「なんとなく、そう思う」「つい、こう考えてしまう」という考え方のクセ**を「自動思考」と呼んでいる。根拠や理由を飛ばして結論にたどり着いてしまうのだ。

自動思考は、そもそも人間が自分の身を守るために身につけた能力だと考えられている。まだ地上を恐竜が歩き回っていた古代の地球をイメージしていただきたい。その頃、人間はまだ進化の過程にあり、肉食恐竜の餌になる小動物でしかなかった。

だから、近くの茂みの奥から音が聞こえたら、冷静に何が起きているのかを観察し、考えている暇などない。あれこれ考えず、「何か来るぞ！　逃げないと！」と、とっさに行動できなければ、生き延びられなかったのだ。

こうやって人間が身につけた自動思考には、いくつか特徴がある。

まず、自動思考は**自分の意識でコントロールすることが非常に難しい**。

多くの場合、自動思考は「今、どう動くべきか」という自分なりの生きる規則に結びついている。それに基づいた結論や考えが突然心に「パッ！」と浮かぶと、冷静に受け止めることができない。条件反射のように、考える暇もなく体が動いてしまう。しかも自動思考は、それに従っていれば余計なことを考えなくて済むので、楽である。

自動思考は無意識下に行われることが多い。よって「ヘビは怖いものではない」と意識していても、なかなか恐怖感が拭い去れないのだ。

自動思考のもう一つの特徴は、**起こる状況は人それぞれ、そこから思い浮かべるもの**

も、**人それぞれ**だという点だ。

自動思考が起こる状況、刺激はさまざまだ。言葉だけでなく、風景や音、匂いや味などをきっかけに、自動思考が起こる。

海のそばで生まれ育った人は、海辺の景色を見ると故郷や子どもの頃のことを思い浮かべるかもしれない。昔流行った曲を聴くと、当時の思い出が鮮明に蘇る人もいるだろう。牡蠣を見てヨダレが出る人もいれば、昔腹を下した経験がある人は冷や汗が出るかもしれない。

自動思考そのものは、人間が進化の中で身につけた能力なので、いいとか悪いとかいうたぐいのものではない。

だが、「なんとなく、いつも不安」「つい、イライラして腹を立ててしまう」など、ネガティブな自動思考に振り回されると、トラブルの原因になってしまう。

最近の若い人は、友達からチャットアプリの返事がすぐ返ってこないと、「無視された」「嫌われた」など、ついネガティブな想像をしてしまうらしい。これは、まさにネガティブな自動思考に囚われた結果と言えるだろう。メールは互いの顔が見えないし、文章だけだと真意が伝わらずに誤解が生まれやすい。

自動思考に従うと、状況の判断が不十分なまま行動してしまうことが多くなる。きちんと話全体を聞けば、悪意がないとわかる。それなのに、途中の一言にカチンときてしまい、話を遮り、強い言葉で言い返してしまう。これも自動思考だろう。

このような自動思考は、すべての事態を悪い方向に向かわせていく。楽しい会話が軽い口喧嘩になり、それが言い合いになって、ついには友達や恋人との別れにもなりかねないのである。

あなたの「思考のゆがみ」9パターン

自動思考にはクセというものがある。

いつもネガティブなことばかりを言う人も、反対にいつもポジティブな人も、自動思考で自然とそう考えるようになっているのだ。

人が正しく物事を判断するには、状況を正確に把握しなければならない。

だが、これはそんなに簡単なことではない。人はつい、偏った物の見方をしたり、情報が不完全なまま判断しようとしてしまう。

心理学では、これを**「ヒューリスティクス（見当づけ）」**という。複雑な問題を目の前にしたとき、直感や経験を頼りに、深く考えずに素早く判断してしまうのだ。

ヒューリスティクスは、自動思考と同様に、それ自体が悪いわけではない。これがなければ、物事を決めるたびに膨大な時間と労力が必要で、疲れきって他のことができないだろう。

その一方、ヒューリスティクスは必ずしも正しい結論が出るとは限らない。

素早く物事を判断することは、今の社会やビジネスの場で求められている能力である。だが、時には冷静に状況を理解しないと、ここで紹介するような心（認知）のゆがみに陥ってしまうかもしれない。

ここでは典型的な思考のゆがみを9パターン紹介する。自分の自動思考にクセがないか、チェックしてみてほしい。

1 白黒思考・全か無か思考（完璧主義）

善か悪か、新しいか古いか、病気か健康か、右か左か、保守か革新か。さらにいうなら、イケメンかブサメンか、頭がいいかバカか、美人かそうではないか。

これは、**なんでもかんでも白か黒かをはっきりさせようとする心のゆがみ**だ。すべてを二者択一で考え、どちらかに決めつけてしまう。

しかし、世の中すべてのものがきっちり両極に分かれているわけではない。むしろ、白黒の中間であるグレーな部分がほとんどだろう。

一流企業に勤めているイケメンの彼氏が、車の運転ができないというだけで興ざめする女性や、新車がちょっと傷ついただけで台無しになったと落ち込む男性などは、白黒思考かもしれない。すべての評価で1番を取らないと意味がないと考えているような人も、この思考の持ち主だろう。

2 過度な一般化

一度か二度しか起きていないのに、「いつも同じ」「全部こうなる」と思い込んでしまうのが、この心のゆがみだ。

異性に一度振られただけなのに「一生モテない」と思い込む。一部の人に悪く言われただけなのに「社内の全員に嫌われている」と考える人は、このゆがみの影響を受けている。一度、カレーに虫が入っていたなどという経験があっただけで、カレーが食べられなくなってしまうのも過度な一般化だ。

また、「どうせ自分が努力したところで、何も変わらない」など、すぐに「どうせ」「結局そういうものだ」と決めつけてしまうのも、過度な一般化の影響である。

3 ネガティブフィルター・マイナス化思考

これは超悲観的な人のクセだ。

まるでフィルターが何かをろ過するように、**ポジティブなものを取り除き、ネガティブな出来事や考えだけを取り入れてしまう心のゆがみ**である。

たとえばプレゼンの発表でうまくいっていたのに、資料の一部に間違いがあったと指摘されたとたん、「ああ、失敗した……」と激しく落ち込んでしまう。全体を見ずに、一つの欠点に執着する人はネガティブフィルターをかけてしまっているのだ。

また、上司は期待して部下に「頼んだよ」と仕事を任せているのに、「こんなハードな仕事ばかりを押し付けるのは、厄介ばらいをしたいからでは?」と、とことん悪い方向に考えてしまう。これはマイナス化思考という。

大口の新規契約をいくつも取り、いつも自信満々で働いている人がいたとしよう。そんな人が、珍しくある取引先の新規開拓に失敗したとする。

普通に考えれば、新規開拓が一つうまくいかなかったとしても、過去の実績を考えれば、「たまにはうまくいかないこともあるよ」程度で済むだろう。

しかし、ネガティブフィルターによって、マイナス化思考になっていると、「俺の実力なんて大したことない」「これまでのも、運がよかっただけなんだ」と、急にしぼんでしまう。それまでは自信につながっていた過去の成功体験の価値が、心の中で一気に下がってしまうのだ。

人の欠点にばかり目を向けてしまう人も、ネガティブフィルターをもっていると考えられる。とにかくマイナス部分にフォーカスしがちな思考は心のゆがみと言える。

4 結論の飛躍

早とちりや早合点というのは、誰もがやりがちなミスだろう。これも度が過ぎると心のゆがみになる。

このゆがみには、大きく分けて二つのパターンがある。

①心の読みすぎ（読心）

これは、人の行動や発言から、その人がどう思っているのかを勝手に推測し、決めつけてしまうことだ。

同僚や上司に書類を渡そうと思って話しかけたら、無愛想に対応されたとしよう。こんなとき、皆さんはどのように思うだろうか。

「疲れているのかな」ぐらいなら、特に問題はない。

「オレ、何かしたかな？」「もしかして、嫌われてるのかも」と感じてしまうのなら、心のゆがみがおきているかもしれない。

ビジネスでは、ある程度相手の気持ちを読んで行動するのは大事ではある。しかし、行き過ぎると自分にとって悪い想像ばかりをして、「自分はもうおしまいだ」とまで思いつめたりするのだ。

②先読みの誤り

特に根拠はなくてもつい悪い結果を想像し、ネガティブな将来を決めつけてしまう心のゆがみだ。

「自分は一生結婚できない」「自分は出世などできない」と、根拠なく決めつけてしまうのもこの心のゆがみが原因かもしれない。

このゆがみがひどくなると、「この会社はもうダメだ」「自分の人生はお先真っ暗だ」といった、「破局視」にもつながってしまう。世の中のすべてが悲劇的な結末に向かうと思えてしまい、ついには自殺などの破滅的な行動につながるケースもある。要注意な思考である。

5 拡大視と過小評価

これは、自分の短所や失敗は大げさに考えるのに、自分の長所や成功体験は「たいしたことではない」と小さく評価してしまう心のゆがみだ。

周囲から見たら成功しているのに、「まだまだそんなレベルじゃない」と本気で考える一方で、傍から見たらちょっとしたミスなのに、「こんな失敗をするなんて」と激しく自分を責めるような、振り幅の大きいタイプである。

極端な考え方を併せ持っているので、**自分にとことん厳しく、他人には優しいタイプ**になってしまう。ある程度なら人間性が高いと言えるのだが、度が過ぎると自分を辛い方へ、不幸な方へと追い込んでしまうだろう。

6 感情的決めつけ

いわゆる「感情的になる」「気持ちに流される」という心理が、この心のゆがみだ。落ち着いて考えることなく、自分の感情のままに行動してしまう。自分の気持ちや感じたことが、まるで正しいことであるように感じてしまうのだ。

「あの人は冷たい。きっと思いやりがない人間に違いない。だから出世もできないんだ」「私がこんなに不安になっているから、このプロジェクトは失敗するに違いない」など、**物事を自分の感情だけを根拠に決めてしまう。**

売り言葉に買い言葉で喧嘩が大きくなってしまうのは、その典型と言えるだろう。ポジティブな気持ちが減り、ネガティブな気持ちが前面に出ているときほど、感情的になりやすいのだ。

7 すべき思考

これは、何に対しても「〜すべきだ」「〜でなくてはいけない」と決めつけてしまう思考だ。

「部下は上司の命令に従うべきだ」「上司から教わったことは、すべてできるようにならないといけない」「子どもは親の言うことに口答えをしてはいけない」など、なんとなく「〜すべき」と思い込んでしまっていることはないだろうか。それが過剰になると四角四面の考え方になり、自由な発想ができなくなる。ひじょうに窮屈な生き方をしなければならないだろう。

「私はそんな思考には陥っていない」という人であっても知らないうちに「すべき思考」になっていることがある。**「つねにポジティブでいるべきだ」「つねに健康であるべきだ」「幸せであるべきだ」などの「べき」という思考が知らないうちに自分を苦しめている**ことがある。「こうでなければならない」と思い込んでいることはないだろうか。

8 レッテル貼り

自分や他人にネガティブなイメージをつくり、勝手にキャラを決めつけてしまう思考だ。

主婦の井戸端会議で、「○○さんのところのお子さん、△△高校に通っているみたいよ」「いやだわ、あそこの学校、ガラが悪いじゃないの。不良になったら困るから、うちの子につきあわないよう言っとかなくちゃ」といったやりとりがあるだろう。これがレッテル貼りである。

たとえば「自分は暗い性格で、人と話すのも苦手」とレッテルを貼ってしまったとしよう。そうなると、人と話しているときについ緊張して、余計に話せなくなる。そんな経験が続けば、だんだん人と接するのが嫌になり、避けるようになっていく。こうなると、普段から人と話さないので、余計に人とコミュニケーションをとるのが苦手になる。

このように、レッテルがその人を負のループに追い込んでしまうのだ。

9 自己関連づけ

本当は自分には直接的に関係ないことであっても、**「自分が悪い」「私のせい」と、自分を責めてしまう思考**だ。

上司の虫の居所が悪いときに話しかけたばかりに、ネチネチと小言を言われる。そん

思い込みの構造

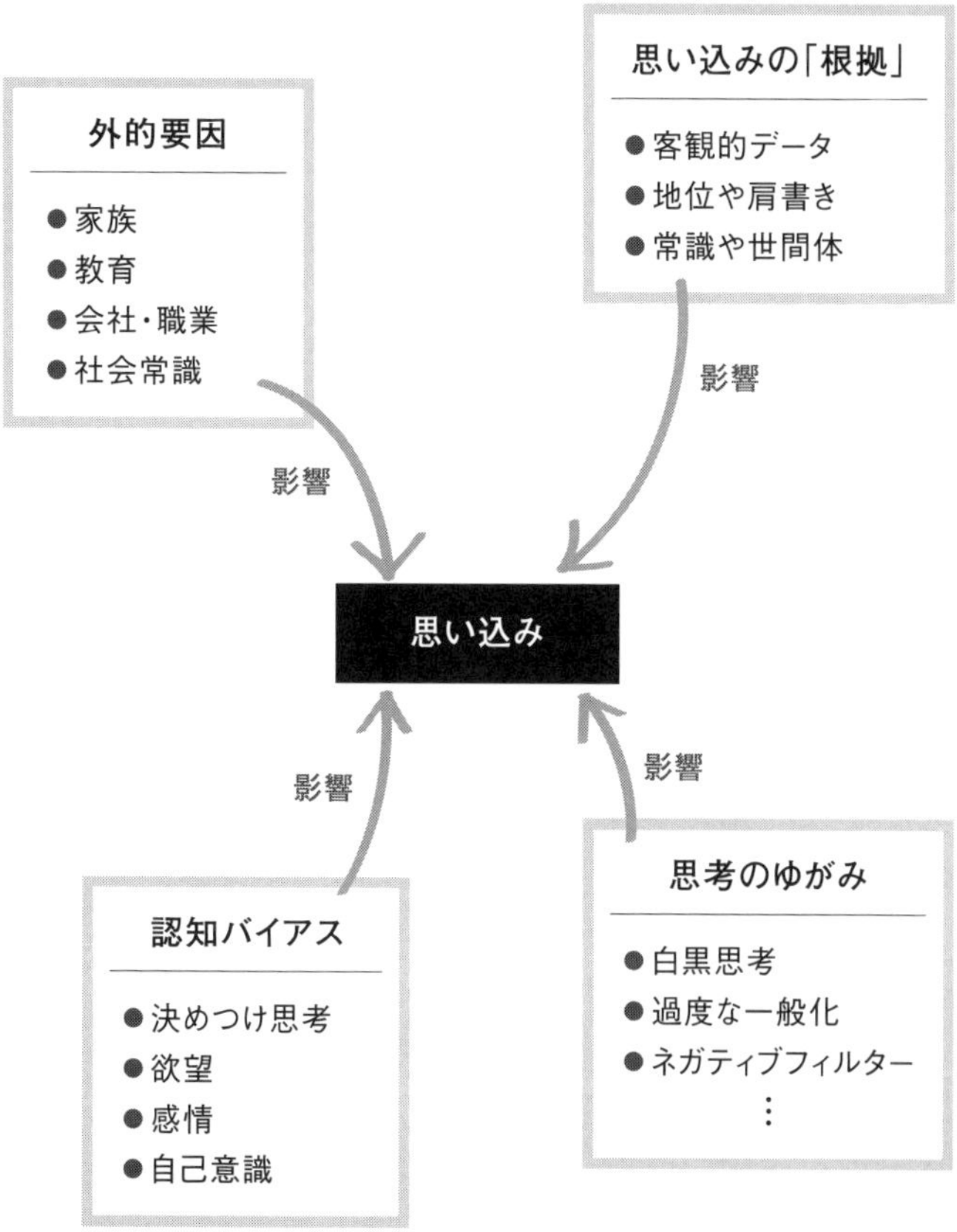
外的要因
●家族
●教育
●会社・職業
●社会常識
思い込みの「根拠」
●客観的データ
●地位や肩書き
●常識や世間体
影響
影響
思い込み
影響
影響
認知バイアス
●決めつけ思考
●欲望
●感情
●自己意識
思考のゆがみ
●白黒思考
●過度な一般化
●ネガティブフィルター
⋮

な場面で、多くの人は「話すタイミングが悪かったなあ」と考える。しかし、自己関連づけが起きると、「私の態度が上司を苛立たせるのかもしれない」と、自分に原因があると思ってしまうのだ。

もし「後輩が成長しないのは、自分の指導が悪いからだ」「家族が不幸なのは、自分が悪いのだ」と考えてしまうなら、この心のゆがみを疑ってみるといいだろう。

思い込みを突き止める4つのステップ

どんな思い込みが潜んでいるかを探るには、どんな自動思考が働いてしまっているのかを知ることが必要だ。

思い込みはすっかり心に馴染んでしまっているし、自動思考もあなたが知らないうちに働いている。よって、ちょっと考える程度では自分の思い込みに気づくことができない。

何が根源的な思い込みなのか？　その**「諸悪の根源」を突き止めない限りは退治する**

こともできない。

自分で思い込みを突き止めるには、一定の段取りと、ちょっとしたテクニックが必要なのだ。

筆者が編み出した「思い込みチャート分析法」を紹介しよう。ここでは思い込みを突き止める段取りやテクニックを、次の4つのステップに分けて詳しく紹介していく。

ステップ1　問題リストをつくる
ステップ2　思い込みチャート分析図をつくる
ステップ3　思考のゆがみの種類を突き止める
ステップ4　思い込みの出発点を突き止める

ステップ1　問題リストをつくる

「それでは、まずは自分が抱えている問題、気になる記憶をすべて書き出してください」

これは、カウンセリングや心理療法の最初の説明でもよく言われる言葉だ。

思い込みを突き止める上でも、まずは自分が抱えている対人関係などの問題、心理的なストレスを洗い出すことから始まる。

だが、そもそもこれが簡単にできれば、誰も悩まない。カウンセリングや心理療法に行かなくても、自分で問題を解決できるだろう。

だから、この段階は気楽に、のんびりやってみていただきたい。「考え込む」というよりは、「思いついた時にリストアップする」くらいで十分である。

リストは基本的に、1行1要素で、問題を列挙していく。

気になっていることや悩んでいることを、思いつくままに書き出そう。

例）

・本番に弱い
・なんとなく体調がすぐれない
・会社のみんなに嫌われている
・自分の企画がうまくいかなくてスランプに陥った
・将来に不安がある

思い込みチャート分析図

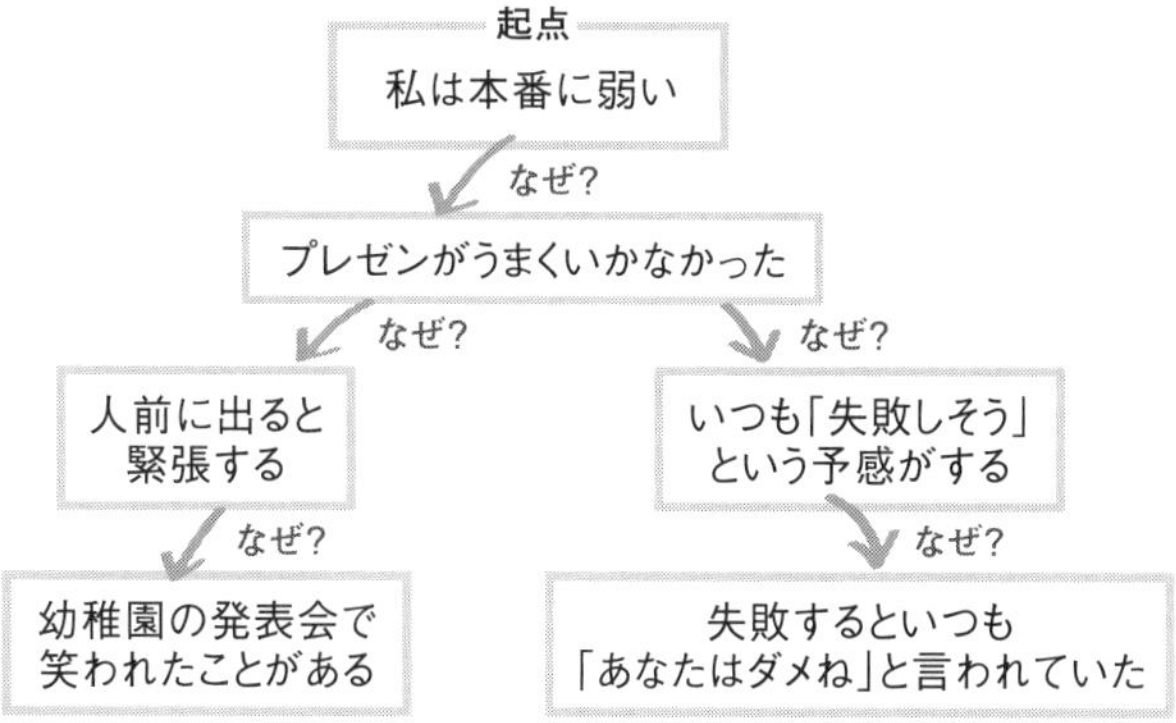

ステップ2　思い込みチャート分析図をつくる

このチャートは自分の問題の「根拠」となるものを可視化していくことで、陥っている思い込みを発見しようというものだ。

まず、解決したい項目を選ぶ。項目が決まったら、それを起点に、その**根拠・原因となるものを左右（または上下）に展開していく**のだ。

上図のように、根拠・原因と考えられる要素をどんどん挙げて、関連事項をつないでいく。

項目同士をつなぎ、チャートに並べていくときは、何度でも順番や組み合わせを変えていい。最初は思いもしなかった項目同士が、実は過去の思い出を通してつながることもある。こだわることなく、発想を膨らませてほしい。

その項目につながるものは、一つとは限らない。たとえば「自分はモテない」という項目に、「顔が悪い」「今まで恋人ができたことがない」「女性と話すのが苦手」と、その根拠になるものが何個もつながるということもある。

参考までに、私が作成したチャート図を紹介する。薄毛恐怖症で悩んでいる人のチャート図だ。

「髪の毛を気にする始まりは高1で森田からハゲと言われたこと」と学生の頃までさかのぼったり、「女性以外に自分の支え・価値はないのか？」など思いがけない問いが生まれたりしている。「人生でもっと大切なことを探す」といった解決策のようなものも出ている。

そうやって細かく原因を追究しているうちに、自分を縛っていた思い込みの数々に気づく。それが重要なのだ。

チャート図に「答え」はない。何が正解かを気にするのではなく、自分の思考がどうなっているのかを探り、気づいていくことが大切なのだ。

薄毛恐怖症の人のチャート図例

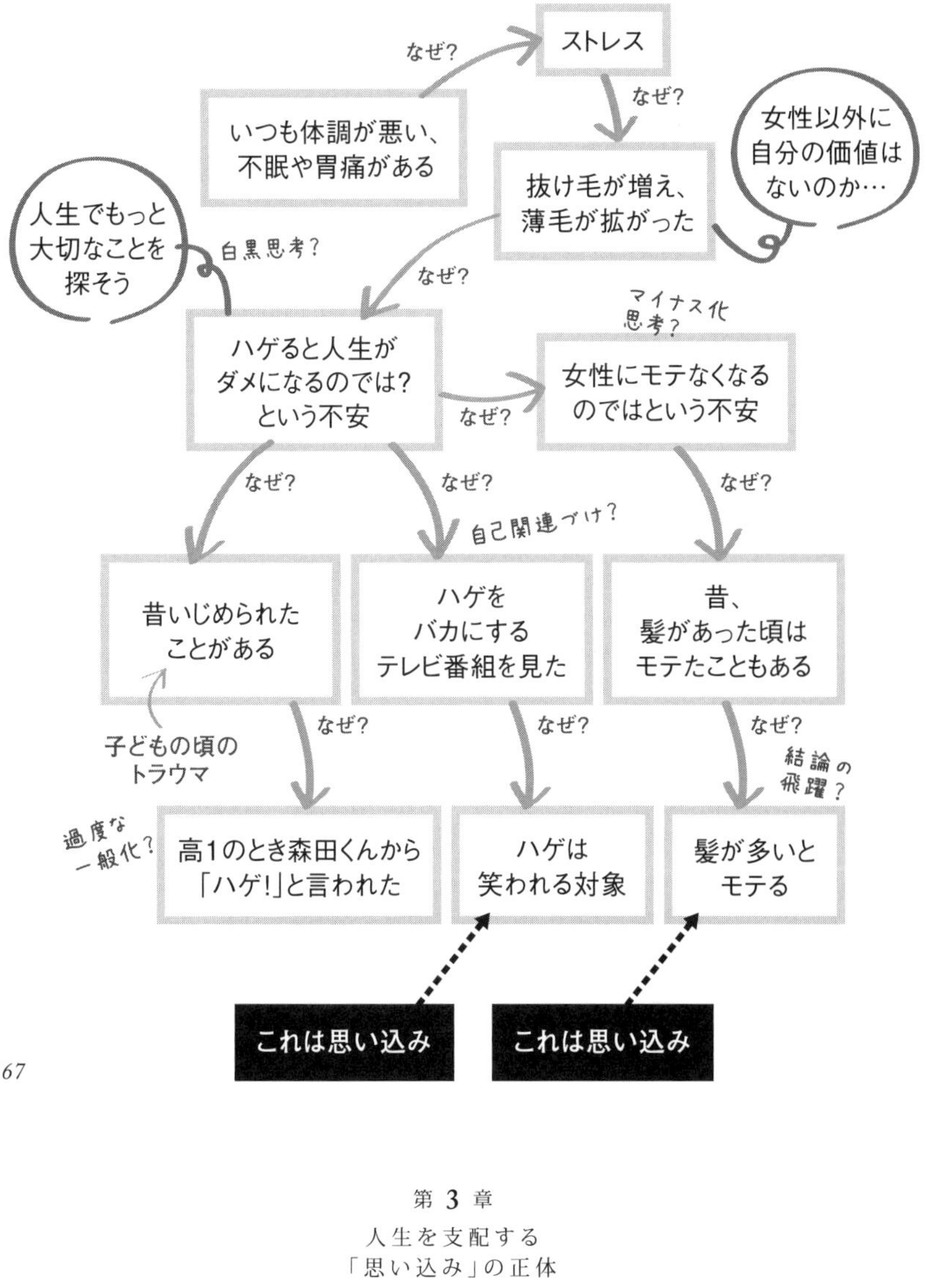

思考（思い込み）の連鎖を自覚する

人間の考えは、連想ゲームのように進んで行く。たとえば「血」↓「殺人」↓「恐怖」という具合だ。

判断や決断、思い込みも、このような連鎖の上になりたっている。だから、その連鎖に気づくことが大切だ。

たとえば、大切なプレゼンのときに汗が止まらなくなる人がいるとしよう。

この場合、自動思考になっていると「プレゼン」と「汗」が直接結びついて判断しているように思える。

だがよく考えると、二つの間には、「プレゼン」↓「以前失敗したことがある」↓「絶対に今回は失敗してはならない」↓「恐怖と緊張」↓「身体的反応としての汗」という連鎖がおこっているのだ。

この連鎖に気づくと、チャート図でどんどん問題点を追究していける。**連鎖に気づく**

と、**判断や決断の根拠に気づくことにもなる**のだ。

チャート図をつくる上で一番注意しないといけないのは、チャートづくり自体が思い込みにとらわれることだ。「絶対に、これとこれがつながっている」「こういう並び方じゃないと、おかしい」と考えず、自由に並び方やつなぎ方を考えてほしい。

ステップ3 「思考のゆがみ」の種類を突き止める

チャート図ができたら、それをもとに自分が陥っている「思考のゆがみ」を見つけてみよう（↓151ページからを参照）。チャート図の傾向で、思考のゆがみの種類が見えてくる。

たとえば「白黒思考」の人は、「自分に自信を持てない」↓「自分が欠点だらけだから」↓「欠点だらけだと人にも愛されない」↓「愛されるようになるには完璧にならねばならない」のように、ゼロか100かという要素がふんだんに盛り込まれているだろう。

チャート図で、具体的な根拠より、「悔しかった」「悲しかった」などの感情表現が多くまじっている人は、「感情的決めつけ」があるかもしれない。

また、「〜べきだ」「〜しなければならない」という表現が多い人は、「すべき思考」だと考えられる。

このように、**チャート図から自分の思考のクセを見つけてみよう。**

ステップ4 思い込みの出発点を突き止める

チャート図を眺めてみると、「現在の悩み」が必ずしも「思い込みの出発点」と一致しないことに気づくのではないだろうか。

目の前の悩みは具体的なので、案外近いところに原因を見つけることができる。その一方で思い込みの原因は無意識の奥にあり、子どもの頃から現在までの記憶や経験が絡んでいるため、そう簡単に見つからないものだ。

たとえば、「仕事でなかなか結果が出ない」という悩みからチャート図をつくり始めたとしよう。

「入社したばかりで未熟だから」→「未熟なのは場数を踏んでいないから」と項目をつなげられたとする。ここまでくれば、とりあえず「仕事でなかなか結果が出ない」という悩みの原因は突き止められたように見えるかもしれない。場数を踏めばいいのだ。

だが、思い込みの原因を突き止めるには、ここで止まってはいけない。

なぜなら、**そもそも、「なぜ場数が踏めないのか」という部分に、思い込みとその原因が隠されている**からだ。

悩みの原因だけを突き止めても、思い込みの原因までしっかり突き止めなければ、悩みを根本から解決できたとは言えないだろう。

悩みの原因に突き当たったと思ったら、そこからは次の問いかけをしながらチャート図の先を考えてみてほしい。

問いかける質問
・表に出された理由・根拠の背後に隠れた重要な問題はないか？
・もっと具体化・明確化した表現にできないか？
・とくにそう感じる場面・状況・条件はあるか？
・そう思う根拠となる事実は何か？
・真相とは違うかもしれないが、仮に他の可能性を考えるとすると、どういう根拠が挙げられると思うか？

たとえば「場数が足りない」という不調の原因らしき理由に対して、「表に出された理由・根拠の背後に隠れた重要な問題はないか」と問いかけてみる。
するると、「なぜ場数が踏めないのか」という問題点が浮き彫りになる。そこからさらに、チャートで原因を探っていくのだ。

「なぜ場数が踏めないのか」↓「場数を踏むと失敗するかもしれないから」↓「失敗したくないから、失敗が怖いから」↓「失敗するくらいならやらない方がマシだから」↓「失敗は避けられるなら避けるべきものだから」↓「失敗してはいけないと親や教師に言われ続けてきたから」

こういう結果なら、どうやら仕事の不調は「失敗への異常なまでの恐れ」という思い込みが出発点ということになる。

さらにこの部分を探っていけば、「子どものときにピアノの発表会で大失敗をしてとても怒られたことがある」など、その思い込みにつながる過去の経験や記憶も、いくつか見つけることができるだろう。

ここまできたら、**最後はそれが思い込みかどうかをしっかりと見極める**ことが大切だ。果たして、失敗することは、本当に怖いことなのだろうか。

思い込みかどうかを検証するには、この考えの確信度を自分で考えてみるといい。「失敗することは怖いこと」という考えについて絶対にそうだと確信するなら100%、ある程度思うなら50%、まったくそうではないなら0%を目安に、何%ぐらいなのかを考えてみるのだ。

●確信度50%以上の場合は、さらに思い込みの壁がないかを探るために、次のような質問を投げかけてみよう。本当にそれが思い込みなのかどうか、念を押すのだ。

(1) それが本当に究極の根拠か？ (**当然の壁**がないか)
(2) それは世間的な常識なのか？ 自分で決めた基準なのか？ (**常識の壁**がないか)
(3) それにこだわる根拠・理由は？ (**こだわりの壁**がないか)
(4) いつごろそういう確信を持つようになったのか？ (**記憶の壁**がないか)
(5) そう実感させる元の判断基準は？ (**実感の壁**がないか)

ちなみに、確信度が50％未満の場合は、その根拠・理由はあまり妥当性がない。つまり偶然的と言える。よって、**今すぐ捨ててもいい考え**である。

50％以上確信はあると思っていても、実は根拠や理由がないと気づくこともある。それは「思い込み」だと言えるだろう。

ここまできたら、「失敗は恐怖」という思い込みが出発点となり、自分の行動に制限をつくっていることに気づくだろう。思い込みの出発点を突き止められれば、「残念な自分」をつくっている原因がほのかに見えてくるのではないだろうか。

ひとことで言えば、思い込みは思い込みに過ぎないので「ただ捨てればいい」のである。ただ、そう言われて簡単に捨てられるのであれば誰も悩むことはないだろう。次章では、思い込みを生じさせる「心のゆがみ」の補正方法をお伝えしよう。

第4章

「思考のゆがみ」はこうしてなおす

「9つの思考のゆがみ」をなおす

ここからは、いよいよどうすれば思い込みから抜け出し、自由な思考を手にすることができるのかについて、説明していきたい。

まず思い込みは、先に解説した「自動思考」と密接な関係があることを思い出していただきたい。人間にとって論理的な思考よりも生活に馴染んでおり、判断をくだすのがよりスピーディで、とても便利な思考。それが「自動思考」である。

しかしそれは言い換えると、自分の意識しないところで勝手に進んでしまう思考だ。飛行機の操縦にたとえるなら、あらかじめコンピューターで制御された、いわば自動操縦である。

この自動思考から抜け出すためには、意識的に自分の普段の考え方、物の見方を疑う必要がある。つまり**思考の自動操縦を、パイロットである自分の手に取り戻す**のだ。手動操縦に切り替えるのである。

思考をコントロールする

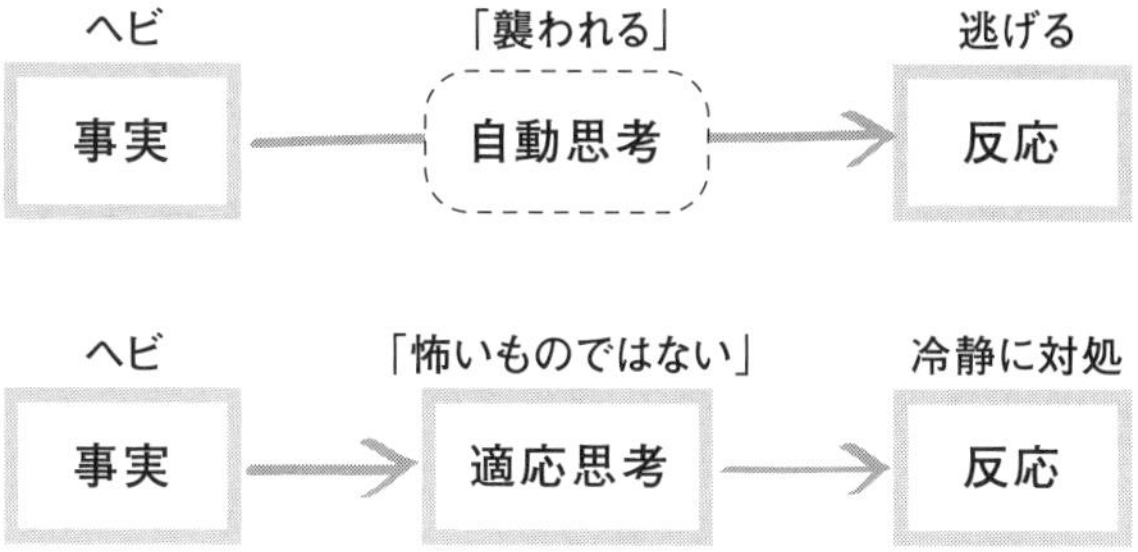

飛行機も、普段は自動操縦でも、何かアクシデントや緊急事態が起きたときには、手動で操縦する。それと同じで、人ももしものときは自分で心をコントロールできるようにしておく必要があるだろう。

それでは、その自動から手動への切り替えスイッチはどこにあるのだろうか。

答えは**「認知」**である。

認知は、その人の物事のとらえ方のことを指す。その物事のとらえ方は、当然ひとりひとり違うものだ。あるキャラクターを見て「可愛い」と感じる人もいれば「気持ち悪い」と思う人もいる。外界から同じ刺激を受けても、その認知の仕方は人それぞれなのだ。

認知療法とは、その認知の仕方を変える心理療法である。

第3章で思考のゆがみを9タイプ挙げた。それぞれの対処法を紹介するので、自分に思い当たるタイプを見つけて、切り替えスイッチを手に入れてほしい。

1 白黒思考・全か無か思考（完璧主義）の克服

たとえば、会社から与えられた営業目標や、自分に課した課題にあと一歩及ばなかった時、「何もやらなかったのと同じ」「自分は何もできない人間だ」と考えてしまうのが、この思考である。物事をオール・オア・ナッシングで考えてしまう。

あるいは、プレゼンで使う資料を何日も徹夜して、ものすごく凝ったデザインの大作に仕上げて満足するような完璧主義者。

このようなタイプは、何かをきっかけに心がポキッと折れてしまったら、立ち直るまでに相当時間がかかるだろう。気持ちの強さをうまく調整して、「全か無か」という思考を和らげる術を身につけておくと、もっと楽に生きられる。

対策

①数値化し、グレーゾーンを見つける

「全か無か」「成功か失敗か」など2つに分かれている**思考の確信度を、0～100%の間で数値化してみる**方法である。つまり、「何もやらなかったのと同じ」「自分は何もできない人間」は果たして本当にそうなのか、洗い出してみるのだ。

仕事で失敗したなら、その失敗が何%ぐらいなのかを考えてみる。

「上司には叱られたけれど、お客様には納得してもらえたから40%ぐらいかな」

「他社に契約をとられたのは悔しいけれど、やれるだけのことはやったから、60%」

といった具合だ。

「なんとなく体調が悪い」というときも、この数値化を行ってみる。最悪のときが100%なら、何%くらいかを考えてみる。

「多少、頭は痛いけど、最悪のときよりはマシだから不調度は60%かな」

こうして数値化することで、漠然とした不快感や不安は消え去る。

0から100を連続した数値で考えることで、物事は白か黒かという二択ではなく、グレーゾーンのほうが広いのだと気づくはずだ。そして、100%の失敗や過ちなどめったにないのだと悟るのである。

②減点方式をやめて、加点方式に変える

完璧主義の人は、理想とする１００％の自分を基準にして、現在の自分を評価する傾向にある。そうではなく**「何もできない自分＝ゼロ」を基点として自己評価してみるの**がこの思考法だ。

たとえば、営業でノルマに達することができなかったとする。

そこで「今月はダメだった」と自分を責めるのではなく、「でも、初めて営業に回った時は1件もとれなかったじゃないか」とゼロポイントを設定する。そのゼロポイントのときと比べて、今の自分はどれぐらいできるようになっているのか。30件契約をとれているなら、30ポイントもアップしている。

完璧主義者ほど、過去の「いちばんできた自分」を基準にしてしまう。よってそれを下回った結果について「マイナス」と自己評価してしまうのだ。しかし、それではモチベーションも上がらないし、つねに挫折を味わうことになる。より高みを目指すことは大切だが、必要以上に自分を低く見積もってはいけない。少しでも結果が出たらそれはすべて「プラス」と捉えることが大切だ。

減点方式から、加点方式に変える。そうやってできていることを探せるようになると、自分を受け入れられるようになり、結果としていいパフォーマンスが発揮できるはずだ。

③円グラフ法

仕事で失敗をしたなら、すぐに自分だけを責めるのではなく、失敗した原因を円グラフにしてみよう。

自分を強く責めてしまう人は、「自分の能力のなさ」に何十パーセントも割いてしまう。しかしあなたの上司は、それを上手にフォローし、部下を育てるのが仕事だろう。「上司のフォローが足りなかった」という要素もきっとあるはずだ。また、景気が悪いということもあるだろうし、営業部全体の頑張りが足りないということもあるのではないだろうか。そもそもお客様が求めているものと自社の商品が合っていないという理由も考えられる。

そういった要素を言い訳だと考えずに、一つの原因としてあぶり出し、円グラフで区分けしていくのである。

そして、その中で**自分自身に起因するものはどれくらいかを再検討**してみる。

100％自分が原因ではないと気づいたら、気分は楽になるはずだ。

2　過度な一般化の克服

数回しか体験していないのに、「自分はブサイクだから、女性に相手にされない」「絶対にあの会社に営業をかけても契約は取れない」などと決めつけてしまうことが、この思考である。

対策

「絶対」「みんな」「いつも」を口癖にしないことだ。

この言葉を使いそうになったら、「ブサイクでもモテる人はいるな」「あの会社に営業をかけて契約を取っているところもあるんだよな」と、そうではない材料を探してみるといいだろう。つまり**「例外」を見つけ出してくる**のだ。

すると「絶対」「みんな」「いつも」といった根拠がガラガラと崩れていくはずだ。

3　ネガティブフィルター・マイナス化思考の克服

物事の悪い面ばかりに意識が行ってしまう、ネガティブフィルター。このフィルターを持っている人は、ポジティブフィルターに変えるのがベストである。

そうはいっても、簡単にガラッと変えられるものではないから、誰もが苦しむのだろう。ここでは、完全には変えられなくても、ネガティブな意識を変えるきっかけになる方法をご紹介する。

対策

①メリットとデメリットを考える

ビジネスでは、「メリットとデメリットを考えよ」とよく言われる。それと同じで、自分の考えのメリットとデメリットを考えてみるのだ。

自分は口下手だと悩んでいるのなら、それによるデメリットとメリットを考えてみる。

・**デメリット**：説明不足で誤解されることが多い／会話が続かない／上司からよくイライラされる／人前に出た時は頭が真っ白になる／人となかなか打ち解けられない

・**メリット**：ペラペラ話すより誠実だと思われる／話すのが苦手な分、人の話をよく聞

く／余計なことはあまり言わない

こうやって書き出してみると、口下手も悪いことばかりではないことに気づくだろう。

さらに、自分は人の話をよく聞いているのだと気づいたら、話し上手より聞き上手を目指そうと思えるかもしれない。苦手だと思っていたことのなかに、意外にも得意分野が見つかる可能性もあるのだ。

そうやって気づきを得たら、ネガティブフィルターを外せるようになるだろう。

②適応的思考

マイナス化思考に陥っている場合は、「適応的思考」をすることによって、バランスのとれた考え方ができるようになるだろう。

適応的思考とは、悲観でもなく、楽観でもない、偏りのない思考を意味する。つまり「より現実的で、バランスのよい考え」である。

適応的思考は、**自動思考に対して「根拠」と「反証」でもって、思い込みを解除して**いく。これはノートに書きながら進めるのが分かりやすいと思う。

根拠とは、自動思考を正しいと裏づける考えのことである。

「自分は仕事ができない」という自動思考の根拠は、「すべての仕事でうまくいかない」といったものになるだろう。

次に、反証でその根拠は間違っているのだと立証する。

「すべての仕事でうまくいかない」というのが根拠なら、「うまくいっている仕事もある。最近はA社の契約が延長となった」という反証ができるかもしれない。

この根拠と反証を、「そして」でつないでみる。

「うまくいかない仕事もある。そして、うまくいっている仕事もある」

この文章を読めば、「そうか、できている仕事もあるじゃないか」と気づけるだろう。

「そんなの当たり前だ」と思うかもしれないが、その当たり前の考えができなくなっているのが、マイナス化思考である。ネガティブな方向に引きずられがちな心を、ふさわしい方向に引き戻してあげるのだ。

4 結論の飛躍の克服

気になる女性とデートしているときに、相手がため息をついたとする。

「もしかして、今の話、つまらなかったかな」

「オレと一緒にいるのが苦痛なのかも」

「あー、これはダメだな。フラれるな」

と、先の先まで読んで、結論づけてしまう。

囲碁では、相手の手をよく考えずに、自分に都合のいい手順を読むことを「勝手読み」という。

誰でも多かれ少なかれ、日常的に勝手読みしてしまうものだろう。根拠はないけれども、相手のささいな反応から、「こう考えているに違いない」と推測してしまう。

それが「彼女はオレにぞっこんに違いない！」と超ポジティブな思い込みならいいかもしれないが、悲観的な結論に飛ぶと、人生はつらくなる。

対策

もっとも簡単な方法は、「相手に聞いてみる」である。

女性が目の前でため息をついたなら、「今の話、退屈だったかな？」と思い切って聞いてみればいい。すると「実は、仕事でちょっと悩みがあって……」と悩みを打ち明けられるかもしれない。あなたの話がつまらないのではなく、ただ悩んでいるだけだったということは多々あるものだ。

ひとつ付け加えたいのは、可能性の一つとして最悪の事態を先読みすることは決して悪いことではない、ということだ。実際にその通りになったときのために準備しておくことは必要でさえある。

ただしそれは悪い事態を「そうに違いない」と結論してしまうこととは大違いだ。**悪い事態を「結論」ではなく「可能性」として考慮しつつ、今ある最善の可能性を現実化できるよう努める**ことが大切なのだ。

先読みは、努力を放棄する言い訳になっていることが多い。「どうせやってもムダだ」という無力感が根本にあるのだ。小さなことでよいから「やればできる」という経験を積み重ねることだ。すると、自己肯定感が生まれ、より客観的で公平な考え方ができるようになるだろう。

5　拡大視と過小評価の克服

仕事での小さな失敗を「オレはやっぱり仕事ができない人間だ」と大げさにとらえる

のが拡大視。自分の成功やファインプレーを評価しないのが、過小評価である。

その一方で、他者に対してはいい点を大きく、悪い点を小さく考える。他者を認めて自分は謙虚に振る舞う、とてもいい人に思えるのだが、これが行き過ぎると、「自分はみんなより劣っている」と劣等感ばかりが育っていってしまうのだ。

対策

小さな失敗を大きな失敗ととらえ、成功を無視するという意味では、全か無か思考とも言えるだろう。したがって、全か無か思考の克服法が利用できる。

また、自分のミスがどんなものなのか。あるいは自分の成功がどの程度のものなのか。冷静に評価するようになると、この思い込みは克服できる。

ようするに**物事を公平に、客観的に見る**必要がある。それには広い視野と柔軟な心がなくてはならないが、そのために必要なのが「余裕」だろう。

その余裕はどこから出てくるかといえば、自分を受け入れ、他人も受け入れる自己肯定感だ。そのためにも、独りよがりではない自分の「とりえ」を持つことである。そこから公平な見方が生まれるのだ。

6 感情的決めつけの克服

自分の感情をよりどころにして、いいか悪いかを決めてしまったり、自分の感情を事実のように考えてしまう思考のことを**感情優位思考**という。

たとえば、「自分はあの人が嫌い。だからあの人は悪い人に違いない」「今日は気分がさえない。だからきっと良くない日だ」という具合に。

対策

感情的に決めつける傾向があるなら、ほかの選択肢や可能性を考えてみる習慣を身につけるのがお勧めである。

・上司は嫌なヤツだ。だから上司は悪い人に違いない

↓女性には優しくて好かれている。取引先にも評判はいい

↓自分は好きではないけれども、いいところもある

・自分は話下手だから営業に向いていない
↓世の中には、口下手でもナンバーワン営業マンの人も結構いる
↓自分もやり方さえ変えればもっと営業できるようになるのでは

感情的になっているときは、なかなかほかの選択肢や可能性を見つけられないかもしれない。それでも意識してやっているうちに、少しずつ「こういう考えもあるのではないか」とほかの選択肢を探せるようになるだろう。

物事に絶対はないのだと知るのが、思い込みを解除する一歩になる。

7 すべき思考の克服

「～すべき」という思い込みには、その思考へ反論する技術を身につけなければいけない。「～すべき」という思考が浮かんだら、「本当に?」「誰がそう決めた?」とぶつけてみるのだ。

対策

たとえば「30歳までに結婚すべき」「親の意見には従うべき」「仕事では上司にほめられるほどの結果を出すべき」などと、すべき思考に支配されそうになったら、次のような考え方をぶつけてみよう。

・それは必ずしも従わなくてはいけないことなのか？
・それは完璧にしないといけないものなのか？
・もし従わなかった場合に起こる最悪の事態はなんだろうか？
・まわりの「すべき思考」の人に「〜すべき」を押しつけられてはいないだろうか？

この「〜すべき思考」は、自分だけでなく周囲にもプレッシャーをかけてしまう傾向がある。

たとえば「一度引き受けた仕事は、最後までやり通すべきだ」という考え。もちろん、それが理想だと思う。しかし人によっては、そのときの状況によって途中で断念せざるを得ないこともあるだろう。すべき思考になっていると、相手の理由も聞かずに、「なんで最後までやろうとしないの？」「投げ出すなんて、根気がない」と責め続けるかもしれない。こういうタイプが親や上司だと、まわりは精神的に追い詰められてしまう。世の中に「絶対」はないし、思い通りになることのほうが少ないのだと考えられるようになると、心が軽くなる。

多くの悩みの裏側には、この「〜すべき」が隠れている。「仕事で結果が出ない」という悩みの裏には「仕事では結果を出すべき」が、「体調がすぐれない」の裏には「健康であるべき」が、「お金がない」の裏には「お金はたくさん持っておくべき」が隠れている。

すべての「すべき」を疑ってみることだ。そして、一度こう考えてみよう。「仕事で結果を出さなくてもいいじゃないか。長い目で見て、いつか結果を出せばいい」「つねに健康でなくてもいいじゃないか。長い人生、体調が悪い日もあるさ」「お金なんてなくていい。お金がなくても幸せな人はたくさんいるし、焦っても増えるわけではない」と。「すべき」から一度自分を解放してあげよう。違う視点が得られるはずだ。

8 レッテル貼りの克服

人は自分にも他人にもレッテルを貼ってしまう。とくに他人に対してレッテルを貼ると、本当に相手を理解しようという気持ちが起きなくなる。

レッテルを貼って分析すると、分かっていなくても分かった気になる。しかし、あなたがそうであるように、人はそんなに単純なものではないのだ。

対策

これは過度な一般化（単純化）の典型例である。こういう人は自分がレッテル貼りをしているという自覚もないはずだ。だからその弊害はすぐにはわからないかもしれないが、価値のある人や物事を遠ざけてしまっていることに気づかなければいけない。人にはさまざまな面があることは、自分に置き換えてみれば、わかるだろう。人そのもの（全人格）とその人の個々の特性（血液型や外見や話し方など）や行動を一緒くたにしないこと。これは地道に直していくしかない。

人に対してレッテルを貼る傾向があるなら、それ以外の面に目を向けるよう意識するしかないだろう。「あの人は細かいことにうるさいけれど、その代わり仕事を丁寧にしている」という具合に。

自分のレッテルをはがすにはまず、自分の性格・性質は「レッテル」であることを認識すべきだろう。「引っ込み思案」「あがり症」「コミュ障」など、自分に対する評価が、単なるレッテルであると認識するだけでも効果はある。

9 自己関連づけの克服

自己関連づけは、あらゆる否定的な出来事、よくない出来事をすべて自分のせいだとしてしまう心のゆがみだ。

そこに合理的な原因や理由がないのに、ともかく「わたしが悪い」となってしまう。この思い込みから脱却するには「脱中心化」という方法をとる。

脱中心化とは「すべての悪いことは、自分を中心に起こっている」という考えから抜け出す方法である。

いくつかの方法があるので、自分にできそうな方法で試してほしい。

対策

①自分の弁護

自分を弁護士に見立てて、もうひとりの人物（自分）を被告人として弁護してみるのが、この方法である。

・その行動に別の説明はできないか
・分別のある人ならどのように行動すると思うか
・その思考と行動の有利な点と不利な点は何か
・客観的な陪審団はどう評価すると思うか

そのようなことを、被告である自分に問いかけてみる。

一例として、会議の席で上司が皆に向かい、「最近、みんなたるんでいる!」と怒ったとする。

ここで自己関連づけが起きると、「上司が怒っているのはオレのせいだ」と、罪を認める被告人が自分の心の中に現れる。

そこで登場するのが、弁護士である。

「上司が会議で怒っているのは、被告人の責任でしょうか」
「上司は皆がたるんでいると怒りました。被告人だけの罪になるのでしょうか」

「そもそも、被告人は仕事をいいかげんにやっていたのでしょうか?」

このように心の中で弁護士と被告人でやりとりしているうちに、「自分は仕事の手を抜いていないから、ビクビクする必要はない」と思い至るかもしれない。そうすれば、自己関連づけから解放されるだろう。

②選択肢を増やす

思い込むと1つの見方にとらわれてしまって、他の見方があることに気づけなくなってしまう。そこで、あえて他の選択肢を考え出すのがこの方法だ。

彼女がデート中、不機嫌な態度でいたとする。そのとき、「自分のせい」以外の可能性を探ってみる。

「雨が降っているからかな?」

「さっきのレストランの料理が、おいしくなかったのかな?」

「体調が悪いのかな?」

つまり、**「自分のせいじゃなかったとしたら、どんな理由があるか?」**を考えるのだ。

もちろん、本人に直接たずねなければ、本当の答えはわからない。「眠いから」と思わぬ変化球が飛んでくる可能性もあるだろう。

しかし、選択肢を持つ習慣をつければ、「自分のせいだ」と自動的に考えてしまうクセはなおせるだろう。


ここまでいくつもの心のゆがみからの脱却法を説明してきた。

自動思考は、勝手に行ってくれる「思考の自動操縦」であり、いわば思考に「ラク」をさせている状態である。

したがって、この思い込みからの脱却は、ラクを捨てることを意味する。自分で操縦桿を握るほうが緊張度は高まるし、うまくいかなくて心がさらに乱れるときもあるだろう。

それでも思い込みへの対処法さえ身につけていれば、予期せぬ出来事が起こっても臨機応変に対応できるし、いずれ自分の思考を自由にコントロールできるようになる。

そして、思考が変われば生き方も変わる。

思考のゆがみを矯正すれば、自分らしい生き方を手に入れられるだろう。

「バルコニー思考法」で自分を上から眺めてみる

ちょうど碇（アンカー）につながれた船のように思考が固定されて、その枠組みにとらわれ、左右されてしまうことを「**アンカリング**」という。

たとえば、ほとんどのセーターが1万8000円で売られている店で9000円のセーターがあれば「お買い得」と思って買ってしまうが、ほとんどが4000円の店では9000円のセーターを買おうとは思わないだろう。

私たちは完全な「白紙」の中で考えることはできない。いつもある枠組みの中で、あるいは何かとの比較で、物事をとらえる。よって、ここから抜け出るのはとても難しい。

また、人は感情に支配されているとき、ネガティブな思い込みが生まれやすい。

「あの人はいつも私をイライラさせる」

「どうせ、次もうまくいかないに決まってる」

これも一つのアンカリングだ。相手を嫌っていると大したひと言でなくても不快に感じてしまう。気分が落ち込んでいるときには、ちょっとしたミスもおおごとに思えてくる。

そのようなときにおすすめなのが、「バルコニー思考法」である。この考え方はあらゆる思い込みから「距離を置く」のに有効だ。

思い込みにどっぷりと浸かり、感情的になってしまうとき、人は自分しか見えていない。バルコニー思考法とは、自分で自分を俯瞰する方法である。**家やマンションのバルコニーから見下ろすように、自分や物事を高い視点から観察してみる。**客観的に自分を見つめ直すのである。

たとえば、上司から「お前、こんなこともわからないの？」と侮辱されるような言い方をされたとする。ついカッとなって言い返したり、「こんな上司のもとではやってられない！」と辞表を叩きつける前に、冷静になって考えてほしい。

自分はその上司のために仕事をしているのだろうか？

その上司に反論することで、自分にメリットがあるのだろうか？

そんなことで会社を辞めて、もったいなくないだろうか？

その問題を離れたところから眺めてみると、「本当は社会に役立つ仕事をしたくて、この会社に入ったんじゃなかったっけ」「その目的を果たすほうが自分には大事なのでは」「そのためには上司に嫌味を言われても、聞き流せばいい」と、本来自分がすべきことが見えてくるかもしれない。

イライラしているときや怒っているときだけではなく、悲しいとき、悔しいとき、楽しいときなどあらゆる場面でバルコニー思考法は使える。自分を客観的に見つめられる習慣が身につけば、感情に流されず、思い込みのまま突っ走ることもなくなるだろう。

時間軸・空間軸を変えてみる

思い込みは、物事を一方向からしか見られない、偏った思考によって起こる。

思い込みからの脱却には、自分が抱えている問題などを、さまざまな角度から眺められる思考が必要なのだ。

そうはいっても、それがなかなかできないから、思い込みは起きるのだろう。

ここで紹介するのは、いわば思考実験だ。実験ではあるが、自分が思い込みにとらわれているのかを知る機会にもなるのでぜひ試してみてほしい。

1　時間軸を変えてみる

時間軸を変えるとは、「少し未来や、過去の自分を考えてみること」だ。

たとえば仕事のほとんどは、納期や締切などの期限つきである。人はその期間の中で成果を出すよう求められ、追い込まれていくプレッシャーを感じる。そのまっただ中にいるときは、そのプレッシャーが永遠に続くような錯覚をしてしまう。それに耐えられない人は、投げ出してしまうのだろう。

物書きの中には、原稿の締切が過ぎて編集者が連絡をとろうとしても行方が分からず、地方の実家に身をひそめていた、という人もいるらしい。プレッシャーに極度に弱い人は、ビジネスパーソンに限らず多いだろう。

プレッシャーに押しつぶされそうになったときは、こう考えればいいのだ。

「いま抱えている問題は、1か月後、あるいは1年後も、自分のなかで問題となっているだろうか」

たとえば、自分の子どものおねしょが小学生になってもなかなか治らなくて、「ほかにそんな子はいない」「病気なのではないか？」と思い悩む親もいるだろう。そうやって悩んでいるときは一大事である。

このとき、自分のまわりの大人でおねしょに困っている人がいるかを考えてみる。誰もいないと気づくだろう。

「そんな大人はいないんだから、いずれ治るか。そんなに一大事ではないな」

「そういえば、自分もおねしょをしていたっけ。それもいつの間にか治っていたし」

そう思えるようになれば、心は軽くなっていくはずだ。

また、過去を振り返ってみるのも、思考のとらわれから抜け出すのに効果的である。まだ見えない「未来」は想像できなくても、見てきた「過去」なら見えるはずだ。

「新入社員の頃の自分は、どんな仕事をしていたのか」「3年前はどうだったか」「1年前はどうだったか」。そうやって過去を振り返ると、ゼロからレベルアップしてきた、いまの自分が見えてくる。

「昔の自分と比べたら、こんなにも仕事ができるようになっている。そう考えると、この仕事もできるようになるかもしれない」と前向きな気持ちになれるだろう。

時間の尺度を変えてみるのも思考実験として面白い。たとえば、抱えている問題を人類の歴史という尺度から考えてみる。もしくは宇宙の誕生から考えてみる。するとちっぽけな問題に思えてこないだろうか。

それは極端でも、100年という単位で考えてみるとどうだろう。今日明日だけを考えると大きな問題でも、100年の中でその問題を捉えれば小さいことだと思えないだろうか。**そもそも100年後にはあなたも私も、まわりのほとんどの人がこの世に存在しない**のだ。たまにはこうしたダイナミックな思考をすることで気が楽になるものなのだ。

2 空間軸を変えてみる

空間軸を変えるとは、「現在いる場所とは違う場所にいる自分をイメージしてみる」という意味である。

「いまの自分の考えや感じていることは、別の会社（家庭、学校、団体など）に所属していたとしても、同じように感じるだろうか？」と考えてみる方法だ。

仕事が辛くて、いまいる会社を辞めたいと思っている人は「会社を辞めた時の生活」を想像してみるのがいいかもしれない。そのとき自分は、どんな気持ちでいるだろうか。遅刻が多いと上司に叱られ、「10分ぐらいいいじゃん」「こんな会社辞めてやる」と腹が立ったとする。

そのとき、遅刻が関係なさそうな自営業を営んでいる自分をイメージしてみるのだ。八百屋や魚屋の店長になったら、確かにうるさい上司はいない。店を開けるのが遅れても、客に「悪い悪い、ほかに用ができて」といえば許してもらえそうだ。店が暇なときは昼寝もできる。そう考えると、天国のような仕事かもしれない。

しかし、一方で仕入れのために朝早くに市場に行かなければならないだろう。店を休んだら、その分収入も減る。しょっちゅう店を開けるのが遅れていたら、客も来なくなるかもしれない。一国一城の主としての責任は重大である。もちろん、ミスをしたときにフォローをしてくれる上司もいない。

サラリーマンで遅刻をしても給料はもらえるが、起業してうまくいかなかったら借金をした挙句、倒産という憂き目に遭うかもしれないのだ。

そんなリスキーな生活をする覚悟はあるのだろうか。

それなら、時間通りに出社する生活のほうがずっと楽だと思えるかもしれない。

空間軸を変えるという点で言えば、極端だが「その悩みが砂漠の真ん中でも同じような悩みかどうか」を考えてみるのも思考の実験として面白い。また、「アフリカの難民キャンプだったら？」「災害の被災地だったら？」など場所を変えて考えてみる。すると、今の悩みは大したことがない、と気づくかもしれない。

「たったこれだけのことで変わるの？」と思うかもしれないが、それができていないから、思い込みに縛られやすいのだ。日頃から心がけていると、徐々に「やわらか頭」になっていくだろう。

他人に「思い込み」を気づかせる4つの方法

思い込みというのはなかなか自分では気づけない。自分では気づけないから思い込みだとも言えよう。よって、他人が思い込みに気づかせてあげられるといいだろう。

この項目では比較的簡単にできる、「思い込みに気づかせる」ためのテクニックを紹介する。

まわりの誰かが悩んでいたら、そこを指摘してもいいだろうし、誰かに頼んで自分の思い込みを指摘してもらってもいいだろう。

1 言葉を定義させる

友人が「オレっていつもついてない」とため息交じりに言ったら、すかさず「いつもって、毎日ついてないってこと?」と問いかけてみる。

そうやって「いつも」という言葉の意味を定義させようとすると、「いつもってほどではないな」と相手は気づくだろう。

思い込みによく使われるのは、「みんな」「普通は」「当然」といった言葉だ。

この言葉を連発している相手には、「みんなって誰のこと?」「普通ってどんなとき?」と問いかけて、相手に考えさせる。そうすれば、自分が勝手に定義づけているのだと自覚するだろう。

2 根拠を問う

「自分には才能がない」と、嘆く人がいる。

こういった言葉を聞いたら、「誰がそう決めたの？」「なんでそう思うの？」と、考えの根拠を問いただすと、相手に思い込みを気づかせるきっかけになる。たいていは自分でそう思い込んでいるだけであり、たいした根拠はないだろう。

3 比較させる

「どうしてオレの生活はちっとも楽にならないんだ」とネガティブ発言が出たら、「誰と比べてそう思うの？」「楽ではないなら、どういう生活が楽なの？」と投げかけてみる。「まわりの人は、いい会社で働いて、いい家に住んでるし」と答えたなら、「いい会社で働いている人は、本当に生活が楽なの？」と問いかける。

すると、「毎日残業でものすごく仕事がハードだって言ってたな。出世競争も激しいらしいし」と思い当たるかもしれない。比較することで、自分の生活もそれほど悪くはないと気づくきっかけになるのだ。

4　例外を示す

何かにチャレンジをするときに、「年齢的に、もう無理」という理由で諦める人は多い。

ルールや規則で年齢制限がある場合は、仕方ないだろう。

しかし、転職や資格取得、結婚など、年齢の上限のないものであれば、いくつになってもチャレンジできるはずだ。

そういうときは、「それって、誰でもそうなの？」「そうじゃない人だって、いるんじゃないの？」と問いかけてあげるといい。

何事にも例外はある。自分もその例外になれるかもしれないと思い至ったら、自ら行動を起こす人もいるだろう。

この4つの方法は、多用すると尋問しているようになってしまう。軽く1～2回、「どうしてそう思うの？」と尋ね、「私にはこう見える」と自分の感想を述べる程度で留めたほうがいいかもしれない。

「なんとなく不快」を「フォーカシング」で明らかにする

人にはハッキリとはしない感情がある。

「なんとなく気が重い」

「なんとなく不安だ」

「なんだかイライラする」

フォーカシングは、そんな「なんとなく」を見つける方法である。アメリカの心理学者・ジェンドリンによって提唱された、心理療法の一つだ。

言葉ではうまく表現できないけれども、曖昧ながら身体が受けている感覚。何かハッキリしない身体感覚を、フォーカシングでは**「フェルト・センス」**と呼ぶ。

その言葉になる前の感覚に焦点を当てる、つまりフォーカスするのがフォーカシングである。フォーカシングで自分の身体や心が発するメッセージを見つけるのだ。

それでは、フォーカシングの手順に移ろう。まずは1枚の紙を用意してもらいたい。

ステップ1　心の中に空間をつくる（クリアリング・ア・スペース）

人が日々抱えている問題は決して一つではない。仕事のこと、家族のこと、お金のことなど、複数の問題を同時に抱えながら、生きているのが普通だ。

ひとつひとつは小さくても複数の問題が絡まっていると、どれから手をつければいいかわからない。だからまずはこれを整理することが必要だ。

この整理のプロセスは「クリアリング・ア・スペース」と呼ばれ、心の中に空間をつくり、フェルト・センスを見つけやすくするための大事な作業である。

まずは深呼吸して肩の力を抜き、いま感じている問題や気がかりに感じていることのリストを作成する。紙に箇条書きに書き出していくのがいいだろう。ここでは解決策まで考えない。

次に、**それぞれの問題を、自分から離れた場所に置く**ようにイメージする。それぞれの問題を箱にしまったり、引き出しに入れていくように想像してみると、やりやすいかもしれない。

そうして問題を片付けたら、心の中にスペースが生まれる。問題から距離を置くことで気持ちが落ち着き、不安や焦りなども薄まるだろう。

荷物が多くて雑然とした部屋では、いま取り組むべき作業に専念できない。いま最優先ではない荷物は物置や引き出しにしまい、必要な荷物を目の前に持ってくる。これはそういった作業である。

そうやってごちゃごちゃに絡み合った問題を解きほぐし、整理して優先順位をつけていくのだ。

ステップ2　身体の内側に意識を向ける

1の問題で、一番気になる問題を選ぶ。**その問題を考えた時に、身体や心がどう変化するのかを意識することで、フェルト・センスを見つける**のが次のステップだ。

フェルト・センスはモヤモヤしている感覚なので、カンタンには見つけられないかもしれない。フェルト・センスを探すとき、身体の中心部に意識を向けるといい。頭・喉・胸・お腹の辺りを意識すると、違和感がある場合が多いだろう。

何かを感じたときは、「これはどのような感じだろう」と自分自身に尋ねて、表現が浮かぶまで考える。

「胸に重いものを感じる」

「喉元に何かがひっかかる感じ」

「息が苦しくなる感じ」

フェルト・センスに合う言葉を「ハンドル（取っ手）」と呼び、ピッタリな言葉を見つけることを「ハンドルをつかむ」と表現する。

ステップ3　共鳴を見つける

フェルト・センスとハンドルが一致することを「共鳴」と呼ぶ。共鳴を感じるまで、結構時間がかかるだろう。

ハンドルが見つかったら、本当にフェルト・センスと合っているかを、身体の内側に聞いて確認する。

「胸にモヤモヤしたものを感じる」と思ったなら、本当にその表現とフェルト・センスとが合っているかどうかを確認してみる。モヤモヤというよりは、重いものがのしかかっている感じだと思ったら、他のハンドルを探してみるのだ。もしかしたら、ピッタりなハンドルは「道を歩いていて、知らない誰かに怒鳴りつけられた感じ」と映像となって浮かぶかもしれない。よくある表現にこだわらず、自分なりの感じ方を見つければいいのだ。

そうやって、フェルト・センスとハンドルが共鳴するまで、「これは何?」「この問題はどんな感じ?」と何度も問いかけて、探し出す。

ステップ4 フェルト・シフトを起こす

フェルト・センスに的確なハンドルが見つかり、意味がはっきりしてくると、身体的な安堵感や解放が感じられる。それは、**身体が感じている感覚と、自分の出した表現がしっくりくることにより、違和感が消える**からである。これを「フェルト・シフト」と呼ぶ。その感覚が強い場合は気づきの瞬間であり、「『あ、そうか』体験」とも言われる。

フェルト・シフトを引き出すためには、フェルト・センスを味わうというプロセスが必要になる。

「このフェルト・センスがあるとどう思う?」
「このフェルト・センスと一緒にいても大丈夫?」

「何もかも大丈夫になったら、どんな感じ?」

このとき、友人と話すように、じっくり心の声を聴くのがベストだろう。

この時に大事なのは「受け取る」という姿勢である。どんな心の声でも、出てきたものを歓迎する。自分の心にはいい部分もあれば、できれば見たくない嫌な部分もある。そのどちらも認めてあげて、尊重してあげるのだ。自己批判をしたり、分析をするのではなく、浮かんだ感情をそのまま受け止めるのが重要だ。

フェルト・シフトができて、フォーカシングを終わりにしたいときは、身体に終わらせていいか聴いてみよう。

最初はなかなかうまくフォーカシングできないかもしれないが、気楽にやってみてほしい。

また、フォーカシングを妨げる次のことに注意する必要がある。

×自分を批判すること:自分の中に批判的な声があることを「認める」ことが大切。

×疑うこと:フェルト・センスが正しいかどうかを分析したり、即断しないこと。

フォーカシングの手順

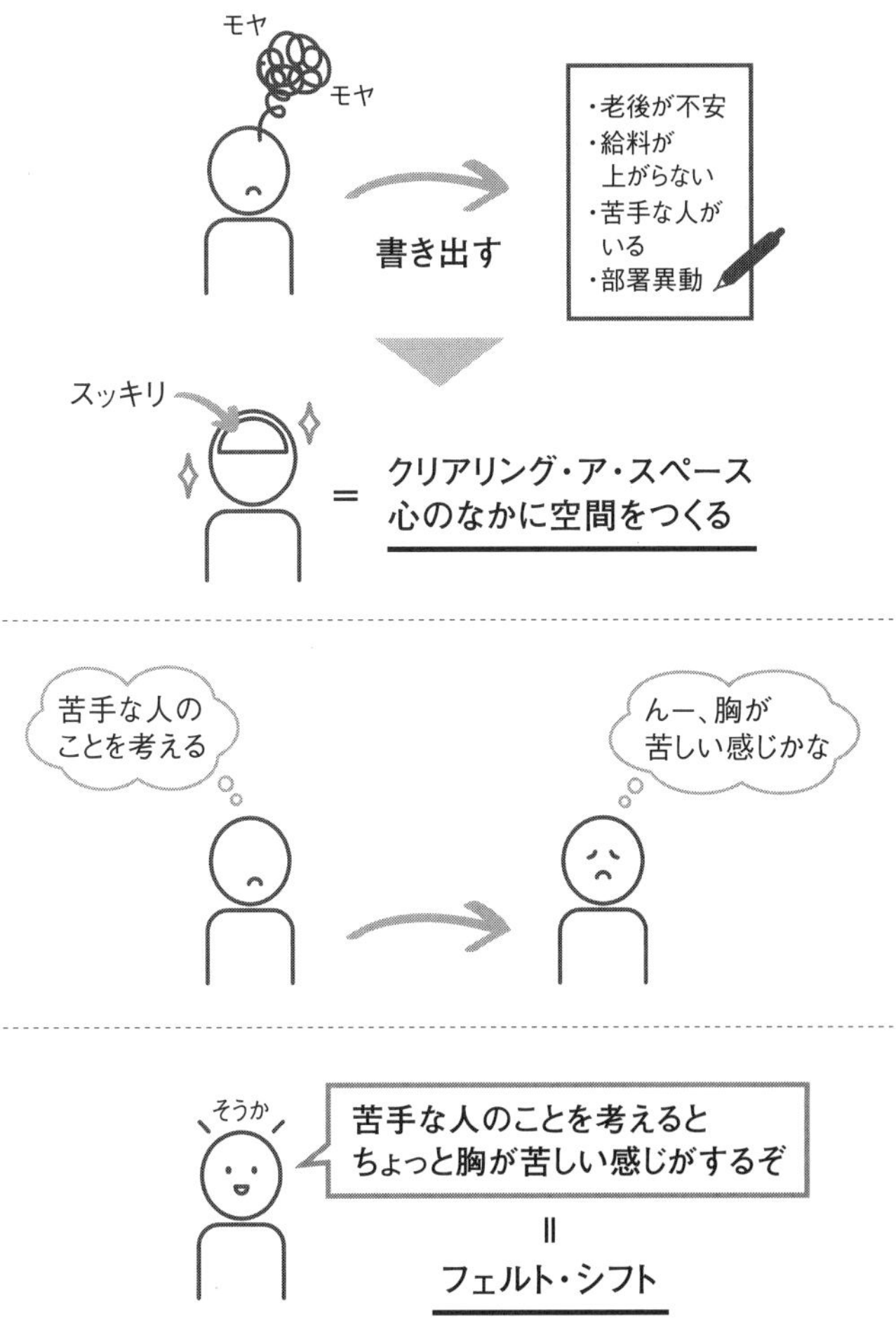
モヤ
モヤ
書き出す
・老後が不安
・給料が
上がらない
・苦手な人が
いる
・部署異動
スッキリ
=
クリアリング・ア・スペース
心のなかに空間をつくる
苦手な人の
ことを考える
んー、胸が
苦しい感じかな
そうか
苦手な人のことを考えると
ちょっと胸が苦しい感じがするぞ
=
フェルト・シフト

×急かすこと：フェルト・センスがなかなか見つからないからと、焦ったり苛立ったりすると、余計に探せなくなる。

×怖がること：今まで目を背けてきた自分の感情と向かい合うので、恐れも生まれるかもしれない。その場合は、何が怖いのかを感じよう。

×選択を強いること：フォーカシングにおいて「自分の本当の気持ちを知りたい」「知りたくない」などと相反する思いが浮かんだときは、無理に選択せず、両方をそのままにしておく。

フォーカシングは自分の気持ちをコントロールする手法ではなく、**心の奥底に眠る本当の気持ちに気づく方法**である。

新しい部署に異動となり、張り切っていた自分。やる気に満ちているはずなのに倦怠感があるのは、心のどこかで「うまくやらないといけない」とプレッシャーをかけているのかもしれない。あるいは、本当は思っていたほど仕事が楽しくなかったのを認めたくなくて、「やりがいのある仕事」と無理して思っているのかもしれない。

それに気づいただけで、気分が楽になることもあるだろう。

そこから「こうしよう」という解決策を導けないかもしれないが、内なる自分が発するメッセージに気づいてあげられるかもしれないのだ。

この章では、不都合な感情・思い込みが頭をもたげてきたときにあなたができる対処法を紹介してきた。

思い込みはそれが思い込みであると気づくことが難しい。だからこそ「思い込み」なのだ。よって、**思い込みを思い込みだと気づくことができるだけでも、大いに効果がある**。あなたも悪夢にうなされたことがあるかと思うが、「これは夢なんだ」とわかっていたら、仮に悪夢でも、うなされることはなくなるのではないだろうか。

ネガティブな思考に囚われたときには、かならず何かしらの思い込みが隠れている。それに気づき、自覚的になること自体が、思い込みへの対処法なのだ。

第5章

「思い込み体質」の根本的な治療法

「ポジティブなストローク」で構えを修正する

本章では、より根本的に思い込みを治療するための方法をお伝えしたい。

悪い思い込みを抱きがちな人は、そういう思考になってしまう体質を持っていると言える。そうした「思い込み体質」を元から治療する上で、大きなヒントとなるのが「構え」である。

そもそも**「人生の構え」が修正されなければ、真の思い込みからの脱却は難しい**。思い込み体質の改善のためには、まず構えの修正が必要であると言える。

第1章では、禁止令やドライバーが人生の構えをつくると説明した。「私はNG、あなたはOK」の傾向の人は自信のない性格になりがちだし、「私はOK、あなたはNG」だと傲慢な性格になりがちだ。「私もあなたもNG」だと人生に対して希望が持ちづらくなる。

よって、理想的な人生への構えは「私もOK、あなたもOK」だというのは言うまでもない。この構えがあれば、今後どんなことが起きてもすべていい方向に解釈できるようになる。よって、構えを修正することが人生をポジティブに捉える上で大切になってくる。

構えを修正する上で効果的なのが「ポジティブなストローク」だ。ここではこのストロークについて説明していこう。

人は本来、愛情や承認を求めている。自滅や攻撃のゲームなどを仕掛けてしまう人は、承認を得るために仕方なくやっているだけで、本心では「えらいね」「よく頑張った」「それでいいんだよ」と言ってもらいたいのだ。

交流分析では、このような相手からの愛情のこもった言葉、声かけ、または態度や動作を「ポジティブなストローク」と呼んでいる。

人は、このポジティブなストロークを求めている。心の中に溜めたポジティブなストロークが減り、反対にネガティブなストローク（非難や無視など）が増えてくると、なんとかしてポジティブなストロークを手に入れて、心のバランスを取ろうとするのだ。だが、それがなかなかもらえないと、本来は望まないゲームを繰り返してしまうというわけだ。人はポジティブなストロークを得られないと、ネガティブなストロークでも得ようとする。ネガティブなものであっても無視されるよりはマシなのだ。

理想的なのは、ポジティブなストロークによる交流だ。相手を認め、自分も認められる。相手をほめ、自分もほめられる。こうしたコミュニケーションで満たされてくると人生に対する構えは「私もＯＫ、あなたもＯＫ」に近づくはずだ。

ストロークとは何か？

ストロークにはもともと「なでる」「さする」といった意味がある。心理学ではこうした身体的な意味に加え、ほめることや受け入れることなど、相手の存在や価値を認める心理的な刺激を**ストローク**と呼んでいる。

ストロークには以下の３つがある。

1 スキンシップによるストローク

握手をする、なでる、肩をぽんと叩く、抱きしめるなどといった形で行われる。キスやセックスなどの性行為もこのストロークだと言える。

2 言葉によるストローク

あいさつをしたり、話しかけたりして、その存在を認め、受け入れること。また、ほめたり、励ましたりすることが言葉によるストロークだ。

「こんにちは」といった簡単なあいさつでも「あなたがそこにいるのに気づいています」「あなたは大切な存在です」という意味を込めることができるため効果的だ。

3 態度によるストローク

まなざし、うなずきなどで相手の存在を認めるという身体的接触や言葉を用いない手段もある。目線を合わせ同意を示すことや、何も言わずに、じっくり相手の話に耳を傾けることも、十分なストロークである。

では、こうしたストロークをどう扱っていけばいいのだろうか?

簡単にいえば、ポジティブなストロークを増やせばいいのである。自分が認められ、相手を認める言動を増やしていくわけだ。具体的に見ていこう。

①ポジティブなストロークをまず他人に与える

家庭であれば、妻や夫、子ども、両親に、会社であれば、上司、同僚、部下に、ポジティブなストロークが与えられないか考えてみることだ。

家では、奥さんに対して「今日はあったかいね」「その服似合うね」「料理が美味しいね」と話しかけてみる。

会社では、上司や同僚が気に食わないからと言って無視するのではなく、出社時に「おはようございます」とあいさつをしてみよう。何かを指示されたらハキハキと返事をしてみる。

言葉でなくてもいい。子どもと一緒に遊ぶ、部下の話を聞いてあげる、妻や夫と軽くハグをするというのもいいだろう。

②ポジティブなストロークを他人に求める

ほめて欲しかったら、ほめて欲しいと伝える。認めて欲しいなら、認めて欲しいと伝えることだ。そんなことをするのは恥ずかしい、みっともないと思うかもしれない。直接的な言い方でなくてもいい。相手がほめたり、認めたくなるように誘導してもいいだろう。

「求めても断られたらどうしよう」などと恐れるのも、子どもの頃から身についた習性だ。断られるのは恐ろしい、という思い込みでもある。上手に賢く楽しくポジティブなストロークを要求する方法を考えてみることだ。

うまくいった仕事があれば、それとなく妻に「こんなプロジェクトで予想外の売上を達成したんだよ」と伝えてみてはどうだろうか。夫の無関心を嘆いている妻なら「料理、おいしい？」とか「もうすぐ結婚記念日だね？」と言ってみてはどうだろうか。ポジティブなストロークを誘発するように行動してみるのである。

相手からポジティブなストロークが得られない場合は、**自分で自分にポジティブストロークを与える**のも効果的だ。自分のいいところ、成功体験、肯定的なことを鏡の中の自分に向かって読み上げてみるのだ。そのときに「いやいや、そんなことはない」などと心の中で否定してはいけない。とことん気持ちよくなればいいのである。

他人にポジティブなストロークを与えてばかりで、自分がもらわないのも精神的に良くない。どうしても手に入らないときは、こうして自分でポジティブストロークを得ることが大切なのである。

③ポジティブなストロークは受け、ネガティブなストロークは断る

「すごいですね！」とほめられると「いえいえ、そんなことないですよ」などと言ってはいないだろうか。「その服、オシャレですね！」とほめられると「いえいえ、これ安物なんですよ」などと答えていないだろうか。「運がよかっただけです」「たまたまです」「大したことありません」……謙遜すること、卑下することは美徳のように思えるが、これを続けているとポジティブなストロークは減っていく。

まず、ポジティブなストロークを受け取らない、あなたの悪い癖に気づくことだ。誰かにほめられたら、素直に「ありがとう」「うれしいです」「そう言われて元気になりました」と受け入れて、いい気持ちになること。これが大切なのだ。

一方で、これまでに何か言われて、嫌な気持ちになったこともあるだろう。「君は常識が足りないね」「センスがないなあ」「どうせうまくいかないでしょう」といったネガティブなストロークは冷静に受け止めることだ。感情的にならず、静かに事実を観察す

ポジティブなストローク

① 他人に与える

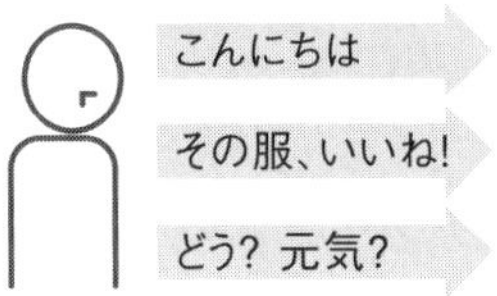
こんにちは
その服、いいね!
どう? 元気?

② 他人に求める

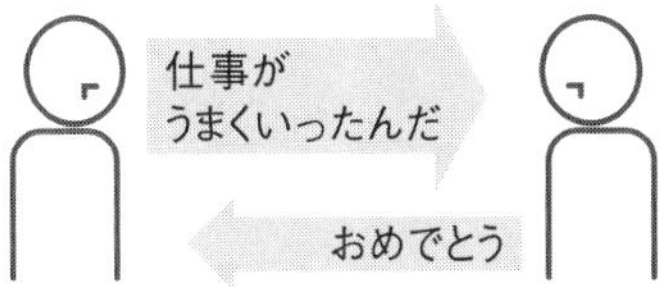
仕事が
うまくいったんだ
おめでとう

③ ポジティブストロークを受け、ネガティブストロークを断る

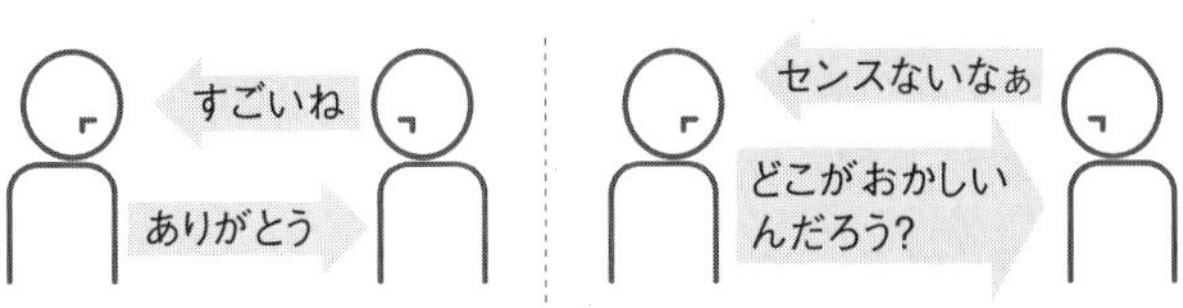
すごいね
ありがとう
センスないなぁ
どこがおかしい
んだろう?

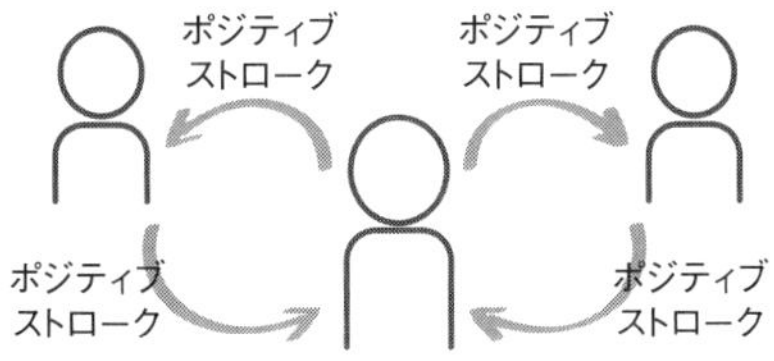
ポジティブ
ストローク
ポジティブ
ストローク
ポジティブ
ストローク
ポジティブ
ストローク

ポジティブストロークのスパイラルをつくる

る。そして、客観的な言葉を発するのである。たとえば「あなたはそう思うんですね」「なるほど。では、どこがおかしいと思いますか?」といった具合だ。

ネガティブなストロークが来たら、むやみに「ゲーム」を始めてはいけない。感情的にならず、客観的に事実を眺めてみることが大切なのだ。


以上のような方法でポジティブなストロークを銀行のように貯めていくことで「私もOK、あなたもOK」という構えができてくる。こうした構えができてくると、あらゆる思考のゆがみも矯正されてくるはずだ。

ネガティブなストロークにはネガティブなストロークで返しがちだ。その交流はスパイラルのようにさらなるネガティブなストロークを招いてしまう。逆にポジティブなストロークにはポジティブなストロークが誘発される。どんどんポジティブなストロークが増えていく。

まわりにネガティブなストロークが目立ってきたと思ったら要注意だ。まずはちょっとしたあいさつでもいいだろう。自分から始めてみることだ。

条件をつけないストロークが大切

相手にストロークを与える場合にも、受け取る場合にも以下のようなストロークには気をつけたい。

・**あなたの顔が好きだ。だから好きなんだ**
・**よく働くから、評価しているよ**
・**言われたとおりに動けるなんて今どきなかなかいない。素晴らしい**

こうした「何らかの条件を満たせば、ようやくストロークが得られる」というストロークは扱いに注意が必要だ。

条件付きのストロークは、教育やしつけの場面でよくやりがちだ。しかし、これだけを与えられ続けると「自分は真のストロークを受けるに値しない人間だ」と感じるようになる。そうなると、つねに他人の価値判断に左右され、本来の自分のあり方を見つけられなくなってしまうのだ。

望ましいのは無条件のポジティブストロークである。

・君は生きているだけで価値がある
・あなたがいるだけで私は幸せだ
・背が低かろうが、学歴がなかろうが、あなたが好きだ

無条件のストロークはなかなか難しいかもしれない。ある程度条件付きになってしまうことは仕方がない面もあるだろう。しかし、ときにこうした無条件のポジティブなストロークを与えたり、もらったりすることで心理的にはとてもインパクトがあり、効果が高いのだ。

「身体」から「心」を変える3つの習慣

必死で受験勉強をし、模試ではいつも合格圏内だったのに、本番の試験で舞い上がって志望校に落ちてしまった人。就活の面接のリハーサルではスラスラ答えられたのに、

本番では頭が真っ白になってしまった人。

こうした「なぜか本番に弱い人」は、思い込みが原因かもしれない。

思い込みは、「身体が覚えている」というケースも多い。

過去のどこかで、同じような体験をしているのではないだろうか。子どものとき、授業参観で先生に指されたのに答えられなかったのかもしれないし、学芸会などでセリフを忘れて焦ったのかもしれない。

そういう体験をすると、「ここ一番で失敗する」と身体が思い込んでしまう。記憶では忘れていても、身体がそのときの感覚を覚えているのだ。すると「また起きるかもしれない」と不安になり、同じような場面で無意識のうちに緊張して、身体が反応してしまう。そして、最悪の結果を招いてしまうのだ。

こういったネガティブ・スパイラルを断ち切ることはできる。身体が覚えた思い込みは、身体を使って抜け出すのが一番である。**「心で身体を操る」のではなく「身体を操ることで心を変える」**という試みだ。

ここでは、より身体の感覚を重視した思い込み体質を変えるための習慣をご紹介したい。

1　姿勢を変える

姿勢を変えるだけで、心の状態を変えることができる。

「まさか、そんな」と思うかもしれないが、姿勢というのは心を反映しているのだ。

落ち込んでいる人の姿勢はうなだれ、俯いているし、逆にエネルギーに満ちた人は、背筋が伸び胸を張っているように見える。

つまり姿勢の正しい人は、心の状態がよく、ポジティブな意識になっているのだ。

それを逆に姿勢をよくすることで、心の状態がいいのだと錯覚させるのである。

まず足の裏を地面にぴったり着けながら、腰に力を入れる、余分な力は抜き、まっすぐに立ってみよう。

次に両肩を真下に押す（筋肉で下げる、という感じ）と、足の裏までスーッと力が届き、足の裏がさらに地面を押すような感覚になるはずだ。そして、体の中心に1本の軸が通ったことが実感できるだろう。

姿見がある人は、鏡を見ながら試してもらいたい。

イメージして欲しいのは、**「どっしり構える」**姿勢である。

重心を落とせば、余計な力も抜けて、身体もリラックス状態に向かっていくはずだ。

この動作は、普段何気なく動かしている身体を、自分の意思でコントロールする方法である。

たとえば緊張すると、足元がフワフワして、自分の身体が自分のものではないような感覚になってしまうが、この姿勢をとると自分の身体の感覚を取り戻すことができる。落ち着かないさまを「足が地に着かない」というが、落ち着いていないとき体の重心は上の方にある。よって重心を下に持ってきて「地に足を着け」れば、リラックスできるのだ。この姿勢を意識的につくれば、ポジティブな気分が早く引き出されるだろう。

気分が落ち込んでいるときや緊張して落ち着かないときなどに、ぜひどっしり構えてみてほしい。

2 呼吸を変える

呼吸は、姿勢と常にワンセットだと考えてもらいたい。姿勢を正し、それを保つためには、呼吸も大事なのだ。

ただし、難しい呼吸法をマスターする必要はない。大事なのは「深呼吸」である。**深**

く吸い込んで、ゆっくり吐く。これだけで十分である。

心拍数は呼吸によって変化するので、深く吸い込み、ゆっくり吐くだけで心拍数は下がっていく。つまり身体の緊張状態がとけていくのだ。

身体が縮こまっている人は、呼吸が浅くなっている。だから余計に緊張する。深く呼吸をするとき、人は胸を張り、背筋が伸びる。

背筋が曲がっていると呼吸は浅くなるし、首や肩などの凝りも出てくる。血のめぐりは悪くなり、集中力も上がらない。姿勢が悪く、呼吸の浅い人は、ストレスを受けやすい身体を自らつくってしまっているようなものである。

仕事がうまくいかない、あるいは気分がスッキリしない。そんな時こそ、姿勢と呼吸のセットを思い出してほしい。

3 表情を変える

「顔色をうかがう」という言葉があるように、人の表情にはその人の心が見え隠れしている。専門的な知識がなくても、気持ちが顔に出ることくらいは、誰もが知っている。

気持ちが顔に出るのなら、その順番を逆にして、顔が気持ちをつくることも可能だろう。

人前で講演をするような人は、やはり自信に満ちた顔をしているが、そういった人たちも実は自信に満ちた表情をつくるトレーニングをしているかもしれない。自信に満ちた表情をしているうちに、自信が湧いてくるという順番である。

それでは、自信に満ちた表情とは何か。それは、笑顔の浮かんだ表情ではないだろうか。たとえば「大変な時こそユーモアを」という人がいるが、これはとても正しく、合理的な考えである。

人は緊張すればするほど、うまく事を運べない。そんな時に面白いことを思い浮かべ、笑える余裕を持てれば、身体はいつしかそれを覚えていく。すると困難な壁や大きな課題にぶつかったときに、自然と笑顔が浮かび、心がリラックス状態に向かっていくのである。

鏡を見たときに、口をへの字にした自分の顔を見れば、「自分はこんな暗い表情をしているのか」と、さらにネガティブな気持ちになるだろう。

しかし、うっすら笑顔を浮かべた表情を見れば、「まだけっこう余裕があるじゃないか」と、ポジティブな自己暗示がかかるかもしれない。

笑顔、笑いが心身ともにいい効果があることは、医学的にもわかってきている。作り笑顔であっても、心理的効果があることが実験でわかっている。最初はつくり笑いでも構わない。口角を上げて意識的に明るい表情をつくっていれば、身体がそれを覚えて、笑顔になれば気持ちが自然と上向くようになるだろう。

「いいことだけ」を手帳・日記に書く

「今日も上司に叱られた。明日は何を叱られるんだろう」

「新しい部署に配属されてから、仕事が全然覚えられない。どうしよう」

「あのクライアントの要求が無茶すぎて、胃が痛い」

このように、毎日不安やプレッシャーに押しつぶされそうになっている人も多いのではないだろうか。そういう精神状態だと、あれもこれも不安に感じられて、どんどんネガティブ思考になってしまう。

そんな人におすすめなのが「いいことノート」である。

文字通り、その日にあった「いいこと」を書き留めるだけなのだが、これはネガティブな思い込みをポジティブな思い込みに変える方法でもある。

いいことノートに使うのは、どんなノートでもいい。手帳でもいいだろう。

いいことノートには次の3点を書いてみよう。

① その日何をしたのかを書き出す

このとき、できるだけ「いいこと」を書き出すのがポイントだ。

ネガティブな思考になっていると、なかなかいいことは見つけられないが、「今日締め切りだった資料を予定通り仕上げられた」とか、「営業先のアポイントが取れた」とか、何でもいい。「ランチがおいしかった」「同僚と趣味の話で盛り上がった」「道端に咲いていた花が綺麗だった」といったプライベートなこともどんどん書き込んでいく。

ここでは、他人の評価は一切入れない。

「上司からは、資料の出来がイマイチだと言われた」などとネガティブな面は排除して、「締め切りに間に合った」というポジティブな面にフォーカスするのだ。

②楽しさ度を考える

1で書き出したことが、どれぐらい楽しかったのか、点数、あるいは%で数値化してみる。数値化することで物事を漠然と捉える癖をなくすことができ、より楽しいものを見つける視点を身につけることができるようになるだろう。

・今日締め切りだった資料を予定通り仕上げられた　↓　70点
・営業先のアポイントが取れた　↓　50点
・道端に咲いていた花が綺麗だった　↓　１００点

という具合だ。

③反省点を書く

反省点と言っても、悪いところを振り返るのではない。楽しさ度を高めるためにどう改善すればいいのかを、考えてみるのだ。

「予定通りに資料を仕上げられたのは気分がいいけど、ちょっと雑だったかな。次はもう少し丁寧にやってみよう」

「何回も断られた営業先だったから、アポイントがとれたのは嬉しいけど、ちょっと強引だったかな。会ったときに謝っておこう」

この順で書いていくと、最後には「〜しよう」と前向きな意識になっているのだ。

このように「いいこと探し」をしていると、自然とポジティブな面に意識がいくようになるだろう。ネガティブのスパイラルに陥るのは、悪いところばかりに目が行ってしまうからだ。

「病は気から」ということわざがあるが、仕事ができる・できないも「気」、つまり思い込みによって左右される面が大きいのではないだろうか。

仕事ができる人は、基本的にポジティブ思考だ。それは同じ出来事でもいい面にフォーカスして見る習慣があるからかもしれない。上司に苦言を呈されても、「資料は予定通りにできたんだから、次も頑張ろう！」と、いいことしかすくいとっていないかもしれないのだ。いいことノートを書き続けていれば、自然とそういう思考になっていくだろう。

「この世は嫌なことだらけ」と捉えても「この世はいいことだらけ」と捉えても、どち

らもその人にとっては真実なのだ。ようするにどこにフォーカスするかで人生は変わるのである。

「口グセ」を変える

「どうせ俺は◯◯だから」「でも」「だって」が口グセになっている人はいないだろうか。たとえば、人の話を聞いているとき。あるいは一人で何かの問題に向かいあっているとき。

「でも、あなたはそういうけどさあ」

「だって、それをやったら上司から怒られるんだから、仕方ないよね」

「でも」や「だって」が自然と出てくるなら、ネガティブ思考に支配されているだろう。そうなると、ポジティブなことであっても、「ダメだ、危険だ」という思い込みにとらわれるようになる。

ニューヨークで精神科を営むウォーレン・バーランド医師は、数多くの患者を診察するなかで、目標を達成できる人・できない人に、いくつかの共通点があることを見つけた。

彼によると、自己実現ができない人は、それを妨げる考え方を持っているという。すなわち、ネガティブな思い込みにとらわれているということだ。

・とらわれの状態から抜け出すのは無理だ、無駄な努力だ
・自分を変えることなんかできるわけがない
・とらわれ、行き詰まった状態こそ現実というものだ
・とらわれから脱出するアプローチなんて薄っぺらで役に立たない
・自分一人では何もできない。誰かの助けが必要だ
・自分の抱えている問題は難しすぎてこのアプローチでは解決できない。自分はどうしようもないダメ人間だ

これらの文章は、そのどれもが、文章の前に「どうせ」や「だって」「でも」という言葉が入れられることに気づいただろうか。つまり「でも」「だって」「どうせ」などの

言葉は、ネガティブな考えを引き出してしまうNGワードなのだ。

バーランドはこのような考えを**「個人のエゴ」**と呼んだ。そしてこうした「エゴ」が、人々の心を縛りつけ、思い込みから抜け出すのを邪魔するというのだ。

そんなときは、「でも」「だって」といったネガティブな口癖を封印することだ。「でも」「だって」「どうせ」といった言葉は、思考の放棄を意味する。

たとえば上司にミスを責められて「でもそれは〜」と反論したとする。それはつまり、反論の材料があるから自分は悪くない、とそこで考えがストップしてしまうことを意味しているだろう。

「どうせ自分には無理だ」などの「どうせ」という考えも、やはりなんの確証もないのに、それ以上考える行為を投げてしまっている。考えることをやめれば、人は自動思考に呑み込まれて、思い込みにはまっていくだけである。

「でも」や「だって」は、同じネガティブな思考を引き寄せる性質がある。

上司からの叱責に「だって〜」と反論したとき、「なるほど、そうか」と許してくれる上司ばかりではない。上司を否定したわけだから、さらに怒られる場合も少なくないだろう。すると反論した部下は、やがて「どうせ上司は話を聞いてくれない」と「どうせ」まで引き寄せてしまう。

だから、思い込みから脱却するためには、意識的に「でも」や「だって」を禁止しなければいけないのだ。

口癖も人の性格に影響を与えている。

口癖になってしまっている人は、普段から使わないように気をつけていると、やがて脳がそれに慣れていつしか習慣となり、否定的な言葉づかいはなくなっていくと思う。そうすれば、自然とポジティブな思考になっていくだろう。

そして大きな障害が立ちはだかった時にも「でも」「だって」が出なくなり、思い込みに縛られずに乗り越えられるようになるのだ。

言葉は思考を支配する。たかが口グセと侮ってはいけない。

「すみません」が口グセになっている人も要注意だ。「すみません」と謝ってばかりの人は、「私はNG、あなたはOK」という構えになっている。繰り返し口にしているうちに、自分に自信がどんどんなくなってきて、積極的に行動できなくなるだろう。

できれば「ありがとう」に言い換えることだ。

「弊社までお越しいただき、すみません」ではなく、

「弊社までお越しいただき、ありがとうございます」に、「子どもの面倒をみていただいて、すみません」ではなく、「子どもの面倒をみていただいて、ありがとうございます」に、
すると構えは「私もあなたもＯＫ」ということになり、ネガティブな感情は生まれないだろう。

感情をコントロールするのではなく、思い込みを捨てる

「あいつは許せない！」「ムカつく！」という怒りの感情。

「もうダメだ……」「なにもやりたくない……」という嘆きの感情。

こうした感情をコントロールすることはできるのだろうか？

感情について言及しておきたい。

よく「怒りをどうコントロールするか」をテーマにした本を見かけるが、表に出た感情だけをコントロールしようとしても難しいだろう。

感情は排泄物のようなものだ。よって、それをコントロールしようとしてもあまり意味がない。そうではなく、**元にある思い込みを明らかにして捨てる、もしくは修正する**ことで、感情は変わってくるはずだ。

「ムカつく」「悔しい」「もうダメだ」「やりたくない」など、マイナスの感情には必ずそれをもたらす思い込み（不合理な信念）が隠れている。まず、それを第3章で紹介したチャート分析法で明らかにすることだ。

ある感情にとらわれたときに、すぐに攻撃したり、パニックになったりしてはいけない。**すぐに「反応」するのでなく、しばし間を置いて、数を数えたり、深呼吸する**と良いだろう。そして、それがどういう感情かを客観的に識別することだ。そして「なぜその感情が生じたか」について、それをもたらす自分なりの思考・判断のパターンを自覚することが大切なのだ。

もう一つ大切なのは、マイナスの感情でも「湧き上がってきたこと」を認めることだ。「自分がそんな感情を持つはずがない！」などと自分で抑圧してはいけない。自分の体に出る感情のサインをよく知っておくことである。そして「また狭い思い込みにとらわれてしまった」と自覚し、より広い視野へシフトしようとすればいいだろう。

たとえば、仕事の相手が約束の時間に遅刻してきて、しかも謝らなかったとしよう。あなたはカッと頭に血が上って怒鳴りたくなる。しかし、ここで怒鳴っても自分が損をするだけだ。いったん深呼吸をしてみる。そして「いま、自分は怒りを感じた。その怒りの根本には何があるだろうか？」と考えてみる。

ネガティブな感情の裏には「相手の行動はこうあるべきだ」という思い込みがある。今回の場合は「遅刻をせずに約束を守る」「遅刻をしたらきちんと謝る」ということだろう。その期待が裏切られたとき、相手を反射的に「嫌なヤツ」だと思ってしまうのだ。そういう分析までできれば、冷静に対処できるだろう。「遅刻をされては困ります」ということを冷静に伝えればいいのである。

怒りの大もとには「勝ち負けへのこだわり」をもたらす思い込みもあるかもしれない。「遅刻された自分が負けなのではないか」という思い込みだ。それは、余計なプライドである。そんな感情を持っていても疲れるだけでいいことはない。余計なプライドがあることで、もっと価値のあるものを切り捨ててしまう可能性があることを自覚しておきたい。

大切なのは「私もＯＫ、あなたもＯＫ」という構えだ。こうした他人に共感しつつ、他人に依存しない「自己肯定感」があれば、余計な感情に振り回されることもなくなるだろう。

悩みの根っこにある思い込み

本章の最後に、悩みはなぜ発生するのか、そのメカニズムと対処法について探ってみたい。

悩みとは「こうありたい」「こうしたい」のに「できていない」「できない」という状態だ。健康でいたいのに健康になれない。痩せたいのに痩せられない。転職したいのに転職できない。

自分にとって変えたい現実があるが、なかなか変えられないとき、つまり「したいけど、できない」ときには、それらについて必ず「思い込み」が潜んでいる。そこに気づくことは悩みを解消するのに役立つだろう。思い込みが気づかないうちに自分の現実を支配しているのだ。思い込みが現実であり、本気で信じていることである。その思い込みのメガネは意識できないほどに「透明」なのだ。
たとえば以下のような悩みには、どんな思い込みが潜んでいるだろうか？

①食べ物の好き嫌いが激しい。何でも食べられるようになりたい。
↓「好き嫌いが激しい」という決め付け、「好き嫌いはいけない」という思い込み

②私は根気がない。もっと努力できる人間になりたい。
↓「自分は根気がない」という決め付け、「努力はいいこと」という思い込み

③もっとカッコよくなりたい。かわいくなりたい。
↓「こういうものがカッコいい／かわいい」という決め付け、思い込み

④寝坊してしまう。起きたいのに起きられない。
↓「寝坊はいけない」「寝坊すると損」「寝坊している方が心地よい」という決め付け、思い込み

このように「最初の思い込み」と「それに抵抗する別の思い込み」を明らかにすることが大切なのだ。そして、その思い込みを捨てればいいだけだ。

もう少し詳しく説明しよう。
悩みのもとになる**「葛藤」**は、2つ以上の欲求の間で迷っている状態である。そこには3つのタイプがある。

①**近接－近接型**：2つとも欲しいが、一方しか選べない。
例）2人の好きな人の間で悩む。

②**回避－回避型**：2つとも嫌なので避けたいが、どちらか一方を選ばざるを得ない。
例）つまらない勉強をするのはイヤだが、単位を落として卒業できないのもイヤ。

③**近接－回避型**：同じ1つの対象・事態に、いい面と嫌な面とがある。
例）報酬はいいが、寿命を縮めるような仕事。

とくに問題となるのは、基本的には2番目の葛藤であろう。つまらない勉強はしたくないが、その単位を落とすと卒業できない。勉強は回避したい。しかし卒業できないのも回避したい。つまりどちらも嫌だけど、勉強を選ぶか落第を選ぶしかないのだ。

まず「何と何とが葛藤しているのか」を自覚することが必要だ。あることに悩んだり、ストレスを感じたりしたときに、まだ気づいていない隠れた葛藤があるはずだ。

学校に行けなくなった（実際は行きたくなくなった）ことにもし悩むとしたら、「行きたいのに行けない」という葛藤のように見えるが、実は「行かない方がいい」という信念・思い込みが背後に隠れているのではないだろうか。

だから本当は「行けない」のではなく、「行く方がいい」という思いと「行かない方がいい」という思いとの葛藤が存在するのだ。

> 行きたい ⇕ 行けない
> ではなく
> 行く方がいいという信念 ⇕ 行かない方がいいという信念

そして2つの葛藤が明らかになった場合には、それぞれの思いをもたらす根本（出発点）の思い込み（信念）を分析し、突き止めることが必要だ。その上で、どちらがより

葛藤の正体を探る

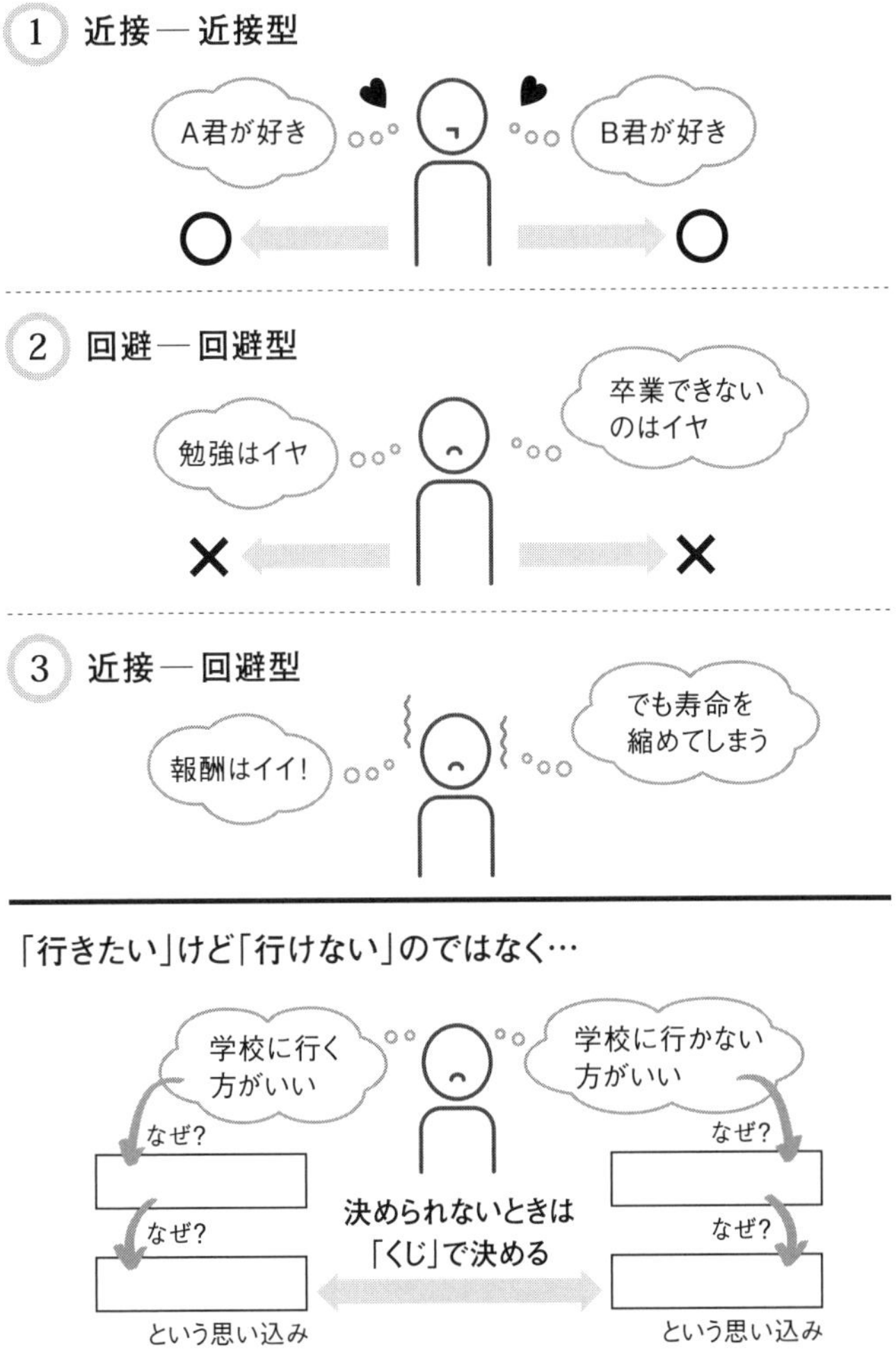

1 近接―近接型
A君が好き
B君が好き
2 回避―回避型
勉強はイヤ
卒業できないのはイヤ
3 近接―回避型
報酬はイイ!
でも寿命を縮めてしまう
「行きたい」けど「行けない」のではなく…
学校に行く方がいい
学校に行かない方がいい
なぜ?
なぜ?
なぜ?
なぜ?
という思い込み
という思い込み
決められないときは「くじ」で決める

大事かを天秤にかける。これを「**天秤法**」という。よく心の声に耳を澄ませば、分かるだろう。フォーカシングで言うフェルト・センスだ。そして少しでも大事な方を選ぶ。どうしても完全に同じで決められないときは、「くじ」で決めればよいだけである。

悩みは1秒で捨てられる

そもそもの話だが、悩むというのは「悩んではいけない」という思い込みに囚われているだけだ。


「短気な自分がイヤ」

「お人好しで人に嫌と強く言えない」

「人前に出ると話せなくなる」

人は、大なり小なりいろいろな悩みをかかえて日々生きている。

しかし、「それでも別にいいじゃないか」と思ってみることで、実は多くの悩みは軽くなるのだ。

本当はこうしたいけれども、現実にはできない。

そう感じるとき、人は「こうでなければいけない」と考えている。

短気の人は、そのぶん決断が速く、行動力もあるだろう。無理に直そうとせず、欠点をうまく活かす方法を考えた方がストレスにならない。

同じように「自分には根気がない」と悩んでいる人は、「根気がなくてもいいじゃないか」と考えてみる。一つのことだけに集中できないのであれば、同時に複数のことに手を出してみればいい。

自分に勝手なルールを設けて苦しめているのは、まぎれもない自分自身である。**自分の思考をブロックしているものに気づくことで、現実は変えられる**のだ。

そして、「悩んでいることに悩んでいる」人もいる。

たとえば家族の問題や友人、会社での人間関係。そういった問題は、早く解消するに越したことはないが、なかなか時間がかかるものである。

苦悩は、「問題（悩み）があってはならない」「早く解消しなければならない」という思い込みから来る場合もある。

しかし、悩みや問題を毎日キッチリ解決させながら、まっさらな明日を迎える人の方が少ないと言えるだろう。問題を抱えている現実に悩んでいる人は、**「このまま悩んでいてもいいのだ」**と発想を転換すると、心が軽くなるかもしれない。

これらはすべて、皆さんに毎日をポジティブに生きてもらうための方法論である。

ポイントは、「考え方で、感情は変わる」という点だ。

ネガティブな考え方をすれば当然イライラするし、周囲に対してもトゲのある態度を取ってしまうだろう。

けれども、考え方を変えてみれば、心がふっと軽くなり、肩の力が抜ける瞬間がある。

第6章

「思い込み」を利用して「人生脚本」を書き換える

思い込みは上手に利用せよ

ここまで5つの章にわたって、人生脚本を変えるために「思い込みから脱却しよう」という話をしてきた。

しかし思い込みのすべてがマイナスというわけではない。思い込みを活用すれば問題を改善し、性格を変えることも、目標を達成することも可能である。

したがって、ここからは転じて「思い込みを味方にしよう」という話をしていきたい。

人の味方をしてくれる思い込みの代表例が、**「ポジティブな自己暗示」**だ。

自己暗示とは、実現したい目標を達成した状態を、できるだけ具体的で鮮明にイメージし、脳にインプットする行為を意味する。つまり未来の自分を、脳内で鮮やかに「先取り」するのである。

スポーツの世界では、ときに奇跡と思えるような逆転劇が繰り広げられる。

野球でいえば9回の裏、サッカーでいえばアディショナル・タイム。

このままいけば負けが確定する場面で最後まで諦めずに底力を発揮できるのは、人一倍苦しい練習や努力をしてきたという「自信」があるからだろう。その自信が強い思い込みを生みだす。

いわゆる**「プラシーボ効果」**も思い込みだ。

偽薬だと知らせずに患者さんに飲んでもらうと、実際に症状が治まるという例は珍しくない。膝が悪くて歩くのが辛いと訴えていた患者さんの膝を手術で開き、何も治療を施さずに縫い合わせただけで、患者さんは普通に歩けるようになったというケースもある。

筋力トレーニングも、ただ筋肉を動かすよりも、鍛えたい部位が一時的に破壊され、「超回復」していく様子をイメージしながら行うと、如実に効果が上がると言われている。イメージできることは、実際に再現できるのだ。反対に、イメージできないことは再現できない。これは、人生における目標や夢も同じだ。

若い頃に「将来、自分はこうなるんだ」「これしかないんだ」と思い込む。

そうすると、その後の人生のあらゆる選択の場面において、「こちらに行ったほうが夢に近づけそうだな」と鼻が利くようになる。進路や就職先のような重要な選択から、毎日の昼ごはんに何を食べるかといった小さな選択まで、夢の実現に近づく方を選ぶようになるだろう。

その積み重ねがやがて、実際に夢を実現させていく。前述した「予言の自己成就」は、プラス方向にも作用するというわけだ。

不都合な思い込みを解除し、新たにいいイメージを「思い込む」ことで人生は軌道修正され、望む方向に進むことができるようになるだろう。

性格を変える4つのメソッド

「性格は変えられない」とよく言われるが、これまで説明したとおり、性格とは思い込みが積み重なってできたものである。「性格は変わらない」ということ自体が思い込みとも言えるだろう。

まずは、「どうして自分はこういう行動パターンをするのか」をよく分析してみることだ。「ある状況で、ある行動パターンをどうしても取らざるをえない」というのも、突き詰めると「自分について、他人はこう思うに違いない」という思い込みがある。**わずか数人との対人関係での体験を世の中の人全般へと「過度な一般化」をしているだけ**なのだ。

また「自分が思い込んでいる性格」と「こうありたいという理想の性格」とのギャップが大きいと感じるほど「変われるはずがない」と思い込んでしまう。

性格が変わらないという信念・思い込みには「自分はどのような場面でもおおよそ一貫した行動パターンを持っている」という信念・思い込みが隠されている。

しかし性格はすべてが遺伝で決まるわけではなく、環境によって作られる面も大きい。ということは　環境がすごく異なれば、違う行動パターンになる可能性があるということだ。

よって、入学時や転職時など、環境が大きく変わるときに思い切って行動パターンを変えてみるのも手だ。

とにかく、「性格は変わらない」という思い込みを「性格は変わる」という信念に変えてみることが必要だろう。ここでは、性格を変えるための4つのメソッドを紹介したい。

1 行動を変える

性格によって行動が規定されるのなら、行動が性格を変えるということも起きる。これは**「一貫性を持たせたい」という人間の性質**によるものだ。ある行動を強制的に起こすと、自分の中でつじつまがあうように、勝手に「自分はこういう人間である」というように思い込みが生まれるのである。

本来明るい人間でないと自分で思っていても、会社の人にどんどんあいさつをしてみる。すると「あいさつをする」という行動に内面が引っ張られる。気づけば外交的な明るい人間になっている。

目標が達成できそうな気がするなら、思い切ってやってみることだ。そして、自分の行動を制約する心の中のさまざまな「禁止令」を取っ払ってみるのである。行動を起こせば結果は変わる。その結果が内面を変えていく。

性格は行動の後からついてくる。「わざといい人風な発言をする」とその後、自分にポジティブなイメージを抱くようになり、「わざとダメな人風に発言する」とその後、自分にネガティブなイメージを抱くようになる。つまり、本心からでなくても、振る舞ってみるとだんだん本心からのようになってくるのだ。

だから、自分を変えるにはまず行動を思い切って変えてみることである。作り笑いでいいから、笑ってみると少し前向きになるはずだ。

2 「振り」をしてみる

以前、中国のある起業家の行うプレゼンテーションが、服装や身振り手振りまで、大企業アップルの故・スティーブ・ジョブズ氏にそっくりだと話題になった。

多くの人はおそらく彼を「ただのマネだ」と笑っただろう。

しかし、思い込みを味方に付けるという意味では「振り」をするのはとても有効な手段である。理想の人をマネして内面を変えていくことを心理学では**「モデリング法」**という。誰かの「振り」をしてみると、その理想像に少しずつ近づき、いつのまにか「それが自分だ」と脳が思い込んでくれるのだ。

新人の営業マンは、最初は名刺交換すらおぼつかず、営業先で世間話ひとつできないかもしれない。そんな時は、周りの先輩や上司に目を向けてみよう。成績のよい先輩や、頼りにされている上司は、どんな振る舞いや話し方をしているか。どんなきっかけで話題を広げて、それを商談につなげているか。そうやって、自分よりもデキる人の「振り」を実際にしてみるのだ。

最初はギクシャクしても気にする必要はない。いつかそれが自分の「型」となり、板につくはずだ。

また注意深く観察していると、その人の考え方や思考のパターンも見えてくる。

「あの人だったら、こんな時はどうするだろう?」

「あの人だったら、何て言うかな?」

そんなことも考えられるようになるはずだ。そしてそれを実践に移しているうちに、自分の脳も「これが自分だ」と思い込んでいく。そうすれば、飛び込みで知らない人に物を売るのも、徐々に得意になっていくのではないだろうか。

「そんな単純なことで、性格が変わるのか?」

そう思う人も多いかもしれない。

しかし思い返してもらいたい。それと似たような「単純なこと」で、人は悪い思い込みに悩まされてきているのだ。

脳は複雑なものである反面、こうした単純さも持ち合わせている。

よい思い込みも、悪い思い込みも、多くは**「単純なこと」がきっかけ**である。それが好循環になるか、悪循環になるかの違いなのだ。

3 環境を変える、環境を増やす

先に少し触れたが、今の環境から遠ざかるか、新しい環境を増やすことも有効である。会社と家庭しかない人は、今まで関心を示さなかったサークルや習い事をしてみるといいだろう。**ストレスの溜まる環境を「多くの環境の中の1つにすぎないようにする」**のである。

従来の人間関係を断ち切って、新たな人間環境に身を置くこともいいだろう。進学や転職などは絶好の機会だ。

4 服装を変える

「人はその制服どおりの人間になる」とは、かのナポレオンの言葉だ。

たとえばビシッと決まったタキシードを着て家の中でダラダラすることはむずかしい。一方、ゆるゆるのジャージでバリバリ仕事することもむずかしいのではないだろうか。ビジネスマンはスーツを着ることで気持ちを引き締めるし、警察官もあの制服を着ることで気持ちをピリッとさせる。

自分が優秀なビジネスマンだと人から思われたいのなら、服装から変えればいい。クリーニングに出して、パリッとノリの効いたシャツを着る。しっかりプレスされたズボンをはき、磨いた革靴を履く。そういった身なりを変えるだけで雰囲気は一変するし、徐々に心も変わっていくものなのである。

服装がいいのは「ただ着ているだけでいい」という点だ。意識しなくとも、着続けるだけでいい。よって内面を変えやすいのだ。

仕事に気合いが入らないときは、スーツを新調してみる。気分が冴えないときは新しい服を買って着てみる。そして、自分を変えたいと思うときほど、普段自分が選ばないような服を選んで着てみるといいだろう。

「○○できない」という感情は、実現できる証拠

語学や資格などの習い事の広告を目にしたとき、「自分は英語なんてしゃべれるようにならないだろうな」と、スルーしてしまった経験はないだろうか。

あるいはセミナーなどで講師の話を聴いたとき、共感はしても「自分にはここまでできない」と考えてしまう。憧れの社長の伝記を読んで、すごいなあと思っても「僕はこうはなれないな」と思ってしまう。

もし思い当たる節があるなら、実はとても大きな可能性を秘めているかもしれない。なぜなら、その「できない」という思い込みは「したい」という「いい思い込み」に書き換えられるからだ。

「できない」という思いには、常に「したい」という気持ちが隠れている。

もし習い事に興味がないなら、そこで「できる／できない」という考え方はしないはずだ。興味があり、「したい」と思うから、「できない」という考えが浮かぶのである。

では、なぜ「できる／できない」という選択肢の中で「できない」をすぐに選び、人はブレーキをかけてしまうのか。

それは思い込みによる「心の壁」がつくられてしまっているからである。これを心理学では「メンタルブロック」、あるいは「内制止」などと呼んだりする。

この心の壁は、その人の過去の経験によってつくられている。

たとえば習い事を「できない」と諦める人は、過去に両親によって塾やお稽古ごとに無理やり通わされ、長く続かなかったという経験があるのかもしれない。ダイエットが「できない」という人は、これまでダイエットの失敗を繰り返していたり、失敗を繰り返す人を見てきたという経験があるかもしれない。

こうしてできた心の壁が、やる前から自分を守ってしまい、行動を妨げてしまっているのである。

つまりこの心の壁を壊してしまえば、奥に隠れていた「したい」という思いが出てきて、行動へと背中を押してくれるというわけだ。

前述したフォーカシングという技法は、こうした心の壁を壊し、「したい」という気持ちを引き出すのにも役立つ。

心の壁とは「私はそれをしたい、しかし、私はそれをしない」という葛藤の状況である。そこで「しない」という部分のフォーカシングをするのだ。

「できない」と「したい」の関係

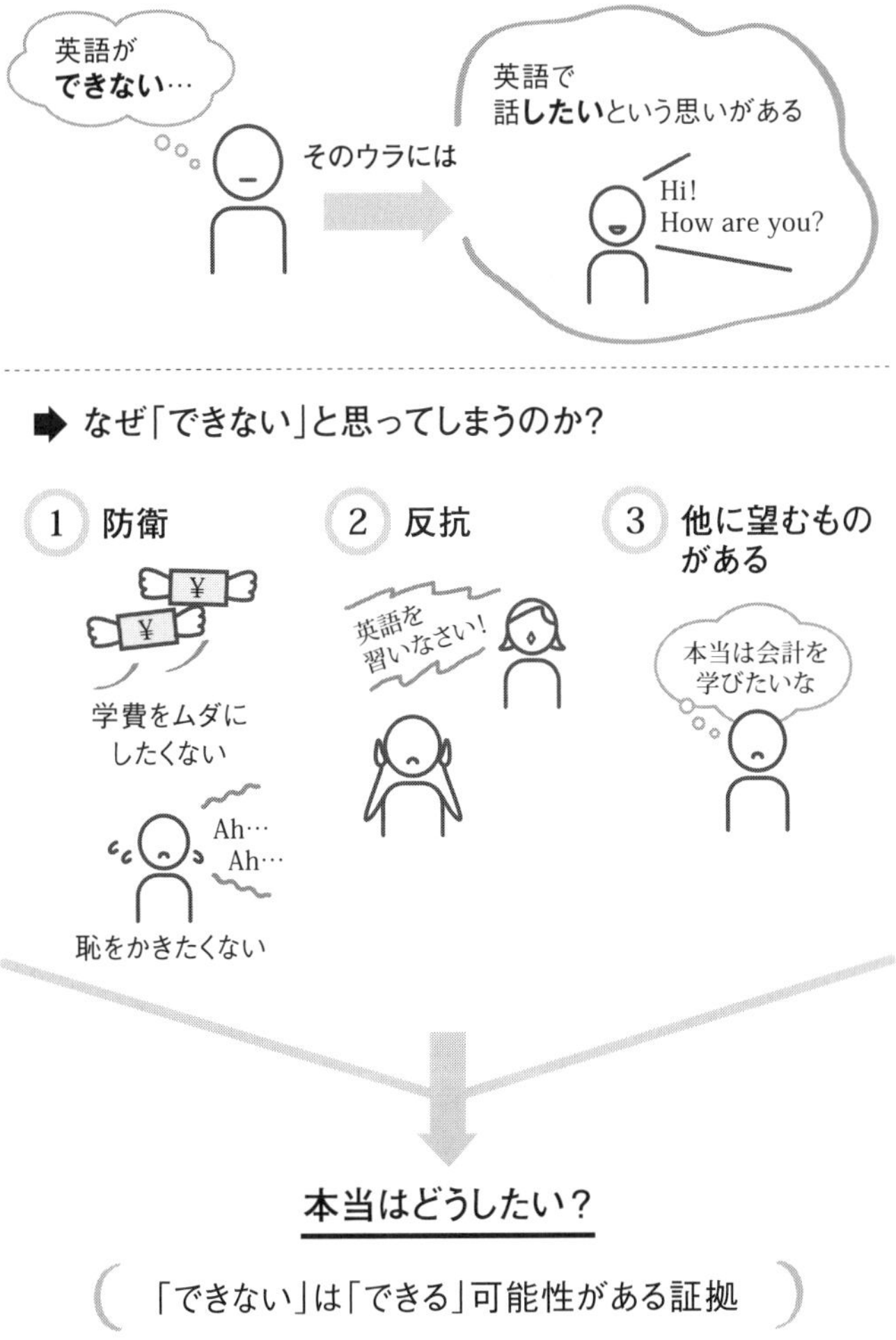

自分の中にある「したい」を躊躇させるもの。つまり「したくない」と思わせているもの。フェルト・センスから、その存在に気づくのである。

そしてそれを悪者にせず、「なぜしたくないの？」と言い分をじっくり聴くのだ。

心の壁をつくるのは、**①防衛、②反抗、③他に望むものがある**、という主に3つの理由だ。

「自分は英語ができない」と思っているのだとする。

しかし、それは英語が「できない」のではなく、学んでいないだけだ。そして、なぜ学んでいないかというと英会話教室に通うのが怖いからかもしれない。教室では下手な英語で笑われるかもしれない。続かなかったら学費が無駄になるかもしれない。羞恥心や無駄遣いへの恐怖を防衛したい心理が働いているのだ。

あるいは、「子どもの頃、無理やり英会話を習わされた」という反抗心が隠れているのかもしれない。また、英会話の勉強に時間を割くぐらいなら、自分のいる業界の勉強をしたいという別の望みがあるケースもあるだろう。

前述した「フォーカシング」で、そのような本心が見えてくるはずだ。そのうえで、「本当はどうしたいの？」と問いかけてみる。

「できるようになりたい」という答えであるなら、英会話スクールに通う、留学するなどの方法を考えてみればいいだろう。

変えたい現実があるときは、思い込みの正体に気づくことはとても大事だ。

「できない」と思っているところには、いつも自分がつくり出した基準がある。それは世の中の基準だと思っているかもしれないが、結局のところ、受け入れているのなら自分の基準である。

自分でつくり出した基準なら、いくらでも変えられる。変化を止めているのは、自分自身なのだ。

人生脚本を書き換える

さて、いよいよこの本も終わりに近づいてきた。最後に人生脚本を書き換える試みについてご紹介したい。

今まで自分を不幸に導いてきた人生脚本も、思い込みという存在に気づき、思い込みに囚われない思考を身に付ければ、自分次第で変えられるはずだ。ただ、人は最も深い意識のレベルで「自分は生まれつきこういう状態である」と信じ込んでしまっている。しかし、これは出発点の思い込みであるがゆえに、それ以上の根拠がない。だから「ただ捨てればいい」のだが、それが一筋縄ではいかないことに、人生脚本というものの根深さがある。

ここでは、過去の自分と対話をし、新たな思考・行動の型を手に入れる試みをご紹介したい。この作業は本格的にやるのであれば、医師や臨床心理士などの専門家の手を借りるのがいいだろう。本書では、一人でもできる「エンプティ・チェア」という方法をご紹介する。

「自分の中の子ども」と対話する

誰でも、自分の心の中に「子どもの部分」を感じたことがあるだろう。

「人前に出るのがなぜか苦手」「どうしても遅刻をしてしまう」「人に嫌われることが極

端に怖くて、いつも愛想笑いしてしまう」など思い当たることがあるはずだ。

心理学では、幼い頃の自分は大人になっても心の中に残っていると考えられている。そのような、心の内にいる子どもの自分のことを、「**インナーチャイルド**」という。

大人になり、現実世界に「子どもの自分」がいなくなっても、心の中にはいつまでも「子どもの自分」が住み続けているのだ。

このインナーチャイルドは、それ自体は何も問題ではない。誰の心にもあるものだ。

問題は、インナーチャイルドが傷ついている場合である。

たとえば、親に褒めてもらいたかったのに、叱られてばっかりだった。外で遊びたかったのに、塾に行かされ、勉強ばかりさせられていた。

このように、幼い頃に満たされなかった気持ち、辛かった経験があると、それが傷ついたインナーチャイルドとして残ってしまう。その傷ついたインナーチャイルドと対話し、癒してあげると、それが人生脚本を書き換えることにもつながってくる。

インナーチャイルドと対話する方法の一つが「エンプティ・チェア」だ。目の前の椅子に子どもの頃の自分が座っていると仮定して、会話をするのである。

自分と向き合う「エンプティ・チェア」

まず、椅子を二脚用意していただきたい。これは誰もいない部屋で行うのがいいだろう。

そして椅子に座った自分の向かいに、もう一脚の椅子を置き、そこに子どもの頃の自分が座っているイメージを浮かべるのだ。

そして、一人二役の一人芝居をして、会話を進めていく。

あなた「君はもっと自信を持ったほうがいいんじゃないかな」

そう伝えた後は、もう一つの椅子に座ってみて、子どもの頃の自分がどう答えるのかを想像しながら、子どもになりきって答えてみる。

子ども「だけど、お母さんが『お前は体が弱いねえ』とか『引っ込み思案だね』って言うんだ。だから自信なんか持てないよ」

それから、自分の椅子に戻り、そのセリフを受け入れる。

エンプティ・チェア

君はもっと自信を持ったほうがいいよ
1 子ども時代の自分に語りかける
お母さんが引っ込み思案だねって言うんだ…
2 子ども時代に戻ったつもりで答える
そうか。なるほどね
でも、本当にそうかな?
3 いきなり否定しないまず受け止める
うーん、お母さんが言うから…
4 子ども時代の自分に思い込みに気づかせる
もっと堂々としていいんだよ
5 傷ついたインナーチャイルドを癒してあげる

あなた「なるほど。わかるよ」

過去の自分をいきなり否定してはいけない。まずは**受け入れて、認めてあげよう**。そして、そこから心のゆがみを見つけて矯正していくのだ。

あなた「体が弱いって、何か病気なの？」

子ども「いや、そういうわけじゃないんだ。でも体が細いから……」

あなた「そうか。体が弱いって言っても、別に大きな病気になったわけじゃないよね？走ることも泳ぐこともできる。体が細いだけで、すごく元気で強い体だよね」

子ども「うん……」

あなた「それに引っ込み思案でもないはずだよ。君はこれから人前で堂々と話すこともできるようになるし、面接もちゃんと突破できるんだよ」

子ども「そうなの？」

あなた「そうさ。体が弱いとか引っ込み思案なんてのは、他人が勝手に言ってるだけなんだ。それに従ってはダメだ。君は強くて、堂々としていていいんだよ」

子ども「わかった。もっと自信を持つようにするよ」

このように、エンプティ・チェアは対話することによって自分なりの解決策を自分で考えて気付く方法である。

いつも親に「どうしてこんなこともできないの！」と叱られて萎縮していた自分に対して、「大丈夫だよ、あなたなりに頑張っているんだから」「大人になったら自然とできるようになるよ」と声をかけてあげる。

そうすると、傷ついたインナーチャイルドが癒される。過去の自分から解き放たれるのだ。

人生を「再決断」する

インナーチャイルドとの対話で禁止令やドライバーに気付いたら、「じゃあ、それらの影響を受けずに、どんな人生を送りたい？」と問いかけてみよう。そうやって、自分が望む人生のイメージが浮かんだら、それを具体化するためにどうするかを考えるのだ。

たとえば、「いつも、人の目を気にしてオドオドしている自分」という脚本があるなら、その原因を遡ってみる。自分の禁止令のもとになっているのは、威圧的な親の影響だと思い当たるかもしれない。
このとき、親に意見をぶつけられる自分が成長していく様子を、ストーリーにしてみるのだ。

親に「口答えしないの」と言われたら、「僕の話をちゃんと聞いてよ」と主張する。「母さんはいつも僕の話を聞こうとしないけど、僕はそれが寂しいんだ」と、自分の思いをありったけぶつけてみる。

怖い親に言えたのだから、クラスメイトにからかわれたときも「やめて」と言えたかもしれない。いじめられたときにも立ち向かっていけたかもしれない。

このように、「こんな風に生きたかった理想の自分」を思い描いてみる。すると、仕事で上司に嫌味を言われたときに、「そういうのはやめてください」と思い切って言えるきっかけになる可能性もある。すると徐々に「人に対して堂々としている自分」に脚本は書き換えられていくのである。

過去のシーンを再現し、その中で自分の演じている役割を変え、どんな新しい行動をとりたいかと問い、新たな問題解決を計画するわけだ。

人はただ運命に翻弄されているわけではない。自分の運命に対して責任を持ち、自分

人生を「再決断」する

過去のシーンを頭の中で再現し、
自分の演じている役割を変えていく

人生の再決断

を癒やし、問題を解決する能力が潜んでいる。そのことを忘れてはいけない。

「過去が原因である」と考えることも思い込み？

過去の自分を塗り替え、自分の役割を変えていく試みをご紹介した。

最後に「いま、ここ」に気づく大切さについてお伝えし、この本を終えたい。

本書では、あなたの思い込みは「幼少期の禁止令」や「ドライバー」に起因するとお伝えしてきた。そして、それを書き換えるためには、自分の中の子ども（インナーチャイルド）との対話が有効であるとお伝えした。

ただ、別の観点もお伝えしておきたい。

それは**「過去の出来事が今のあなたに影響している」ということすら「思い込み」**という可能性もある、ということだ。現状を把握する上で、「過去に何があったのか」「何が原因か」を私たちは問いがちだが、そのことに果たして意味があるのかどうか。

そこで「過去に原因がある」と自動的に考えるのではなく、「いま、ここ」にいる自分に意識を集中してみることだ。これは、過去に起因している悪い思い込みから脱却する上で有効である。「過去に何があったか」ではなく「いまの自分に何が起きているのか」を注視するのだ。

現在のあなたが過去によって成立している、という当時の心理学の常識を打ち破って大胆な説を提示したのが、最近注目されている心理学者、アルフレッド・アドラー（1870～1937年）である。アドラーは過去に原因がある「原因論」ではなく、「これからあなたがどうしたいか」によって、いまのあなたがあるという「目的論」を唱えた。アドラーは遺伝や育て方などの「原因」により行動が規定されるのではないと考える。そうではなく、未来への「目的」により行動を決めるのだ、と。

あなたが過去に原因を求め、過去のせいにしていること自体が「思い込み」なのかもしれない。**「いま、ここ」の自分に気づき、「これからどうしたいか」という「目的」に視線を移したとき、過去という思い込みから脱却できる**のだ。

『アルフレッド・アドラー　人生に革命が起きる100の言葉』（小倉広・解説／ダイ

ヤモンド社）には、こんな言葉が紹介されている。

人は過去に縛られているわけではない。
あなたの描く未来があなたを規定しているのだ。
過去の原因は「解説」にはなっても
「解決」にはならないだろう。

すべての思い込みから自由になったとき、脚本は自由に書き換えられる。あなたのこれからの人生は白紙である。好きな脚本を書けばいい。

おわりに
――「思い込み」を自覚しつつ、「思い込み」を遊べ

子どもはヒーローになりきったり、おままごとをしたりして、「ごっこ遊び」を楽しむ。あれは思い込みで遊ぶ典型的な例だ。

そして実際は、大人も似たようなことをして人生を楽しんでいる。ヒューマンドラマを観て泣いたり、恋愛ドラマを観て苦しんだりするのも、思い込みのなせるワザである。もし「フィクションだから」「役者が演じているから」と物語に入り込めないのなら、それは楽しむチャンスを失っているのではないだろうか。

また、実生活も「ごっこ遊び」の積み重ねである。

たとえば失恋をすれば、いま世界中で自分がいちばん不幸のような気持ちになるだろう。それはまさに「悲劇の主人公」という気持ちかもしれない。また、ある大きな仕事がうまくいったとき、天にも昇る心地がするだろう。「自分が世界の中心だ」という思いになるかもしれない。

思い込みが過ぎるのはよくない、というのは本書を通じて述べてきたことだ。しかし、**根底に「思い込み」があるのだと理解しながら、その「ごっこ遊び」を楽しむことは、実は人生をより楽しいもの、深いものにしていく。**

よく、自分の人生を劇場にたとえる人がいるが、たしかに親子、夫婦、仕事、性別なども、自分の役割を演じる「ごっこ遊び」の延長線で、人生は「劇団自分」が公演する演劇なのかもしれない。

たとえばお店に入れば、そこのスタッフたちは皆、自分の人格に関係なく、丁寧な敬語で客に接している。それはつまり店員という役割を演じた「ごっこ遊び」だ。仕事を終えれば、皆また別の役割を演じ、別の「ごっこ遊び」を始めるだろう。

もし今自分の仕事に悩みを持っている人は、「所詮、ごっこ遊びだ」と考えることで、悩みを軽くできるかもしれない。

もちろん働かなければ生きてはいけない。「自由になりたければ役割を投げ出せ」と言っているわけではない。たった一つの「役割」に人生のすべてを絡め取られる必要はない、と言いたいのだ。

自分が役割を演じる「ごっこ遊び」ならば、相手もまた「ごっこ遊び」である。

あらゆる関係がこの「ごっこ遊び」同士だと思えば、「そこまで悩まされなければいけないのか？」と気持ちも少しは軽くなるのではないだろうか。

そして休日には、自分がハマったり、こだわったりできる、自分のための「ごっこ遊び」をして、気持ちをリフレッシュする。

思い込みを自覚し、思い込みを遊ぶ。その二つが、一度きりの人生を楽しむためのコツではないかと私は思うのだ。

幸せな人生を歩むときに大切なのが、何度も繰り返してきた「認知」である。

人生は事実によって決まるわけではない。

戦争の最中であっても幸福な人生を歩む人もいれば、これだけ恵まれた時代であっても不幸な人生を歩む人もいる。

『ライフ・イズ・ビューティフル』という映画をご存じの方も多いだろう。

第二次大戦時、ナチスの迫害を受ける親子の物語だ。主人公である父・グイドは辛い境遇にもかかわらず、まったく悲愴感を出さなかった。息子・ジョズエを怯えさせないようにコミカルに振る舞い、つねに楽しそうに過ごしていた。

普通だったら絶望的に思える収容所の生活も、グイドは「楽しいゲーム」に変えてしまう。よって、息子のジョズエも希望を失うことなく生き延びることができた。息子のためとはいえ、グイド自身もそう振る舞うことで、死ぬ間際まで希望を失わずに生きることができたのではないだろうか。

人生は「認知」によって決まる。

あなたが何を信じ、何を思い込むかによって、人生は決まるのである。

人生とは「何が起きるか」ではなく、「どう捉えるか」にかかっている。

「ライフ・イズ・ビューティフル」。そう言えるとしたら、それがあなたの人生なのだ。

主要参考文献

『劣等感にとりつかれた人たち』荒木創造（東京書籍）
『人生ゲーム入門』エリック・バーン（河出書房新社）
『思い込みを捨てろ、人生は必ず変わる』ウォーレン・バーランド（主婦の友社）
『行動意思決定論』マックス・H・ベイザーマン、ドン・A・ムーア（白桃書房）
『すべてあるがままに』アン・ワイザー・コーネル、バーバラ・マクギャバン（コスモス・ライブラリー）
『論理療法による3分間セラピー』マイケル・R・エデルシュタイン、デヴィッド・ラムゼイ・スティール（誠信書房）
『理性感情行動療法』アルバート・エリス（金子書房）
『世間体にしばられない生き方』藤野由希子（阪急コミュニケーションズ）
『新しい自分になる〝人生脚本〟』藤沢優月（PHP研究所）
『うつと不安の認知療法練習帳』デニス グリーンバーガー、クリスティーン・A・パデスキー（創元社）
『いのちとこころのカウンセリング』エルフィー・ヒンターコプフ（金剛出版）
『心がみえてくる図解心理学』伊藤順康（講談社）
『「普通がいい」という病』泉谷閑示（講談社）
『ステレオタイプの社会心理学』上瀬由美子（サイエンス社）
『なぜか人に好かれる人、嫌われる人』樺旦純（日本文芸社）
『ひとは自我の色眼鏡で世界を見る』加藤茂（勁草書房）
『性現象論』加藤秀一（勁草書房）
『嘘の破壊』吉良俊彦（プレジデント社）

『「なりたい自分」になる心理学』國分康孝（三笠書房）
『いつのまにか心を操縦する技術』前田大輔（明日香出版社）
『〈リア充〉幻想』仲正昌樹（明月堂書店）
『わかりやすい交流分析』中村和子、杉田峰康（チーム医療）
『愛情という名の支配』信田さよ子（海竜社）
『実践〝受容的な〟ゲシュタルト・セラピー』岡田法悦（ナカニシヤ出版）
『世間さまが許さない！』岡本薫（筑摩書房）
『クリティカル・シンキング』リチャード・ポール、リンダ・エルダー（東洋経済新報社）
『図解雑学人間関係の心理学』齊藤勇（ナツメ社）
『世間の目』佐藤直樹（光文社）
『「思い込み」を変える自己トレーニング』リタ・スペンサー、アンジェラ・ロスマニス（東京図書）
『あなたが演じるゲームと脚本』杉田峰康（チーム医療）
『交流分析』杉田峰康（日本文化科学社）
『ジェンダー／セクシュアリティ』田崎英明（岩波書店）
『あなたは常識に洗脳されている』苫米地英人（大和書房）
『ココロの法則２０１』富田隆監修（永岡書店）
『常識人の99％は非常識である』内山安雄（扶桑社）
『「すぐれた考え方」入門』和田秀樹（三笠書房）
『人についての思い込みⅡ』吉田寿夫（北大路書房）
『カンチガイしている人のための気づきの技術』弓場秀樹（ソシム）

［著者］
鈴木敏昭（すずき・としあき）
◎1950年東京生まれ。教育学修士（京都大学／1980年）。
◎77年横浜国立大学教育学部卒業後、80年に京都大学大学院教育学研究科（修士課程）修了。85年に京都大学大学院教育学研究科（博士課程）単位取得満期退学。その後、四国女子大学家政学部助教授などを経て、96年より四国大学生活科学部教授。
◎専門分野は心理学。「自己意識の構造」が最大テーマ。その主な下位領域として自尊心、性意識、思い込み、人格形成などを研究。
◎中学２年のときから「自分とはなにか？」に関心があり、以来ずっと「自分」についての研究に没頭している。
◎日本心理学会、日本発達心理学会、教育心理学会、日本社会心理学会所属。著書に『自己意識心理学概説』（北樹出版）、『自己成立の発達心理学』（ふくろう出版）、『思い込みの心理学』（ナカニシヤ出版）などがある。

人生の99%は思い込み——支配された人生から脱却するための心理学

2015年５月28日　第１刷発行
2025年１月17日　第９刷発行

著　者——鈴木敏昭
発行所——ダイヤモンド社
〒150-8409　東京都渋谷区神宮前6-12-17
https://www.diamond.co.jp/
電話／03·5778·7233（編集）　03·5778·7240（販売）

編集協力——大畠利恵
取材————大越裕
装丁————井上新八
本文デザイン·DTP——松好那名
校正————鴎来堂
製作進行——ダイヤモンド・グラフィック社
印刷————八光印刷（本文）・新藤慶昌堂（カバー）
製本————ブックアート
編集担当——竹村俊介

ISBN 978-4-478-02633-5